Dr. László Orbán
Der Bauer im Schachspiel

Dr. László Orbán

Der Bauer im Schachspiel

Bajonett-Angriffe,
Einengung, Endspiele
und vieles mehr

2., aktualisierte Auflage

humboldt

Bibliografische Information der Deutschen Nationalbibliothek
Die Deutsche Nationalbibliothek verzeichnet diese Publikation in der Deutschen Nationalbibliografie; detaillierte bibliografische Daten sind im Internet über http://dnb.ddb.de abrufbar.

ISBN 978-3-86910-154-5

Der Autor: Dr. László Orbán, geb. 1908, zählt zu den erfolgreichsten deutschsprachigen Schachbuch-Autoren: Mehr als 5 Millionen verkaufte Schach-Lehrbücher belegen, dass er als Schach-Pädagoge vielen jungen Spielern einen erfolgreichen Zugang zur „Königin der Spiele" geben konnte. Im Jahr 2008 wäre Dr. Orbán 100 Jahre alt geworden. Zu diesem Anlass erscheinen einige seiner erfolgreichen Bücher in neuer Aufmachung.

Aktuell sind diese Titel von Dr. László Orbán bei humboldt lieferbar:

Schach für Anfänger (ISBN 978-3-89994-222-4)
Schach Taktik (ISBN 978-3-89994-137-1)
Schach Eröffnungen (ISBN 978-3-89994-223-1)

2., aktualisierte Auflage

Ein Imprint der Schlüterschen Verlagsgesellschaft mbH & Co. KG,
Hans-Böckler-Allee 7, 30173 Hannover
www.schluetersche.de
www.humboldt.de

Covergestaltung:	DSP Zeitgeist GmbH, Ettlingen
Innengestaltung:	akuSatz Andrea Kunkel, Stuttgart
Titelfoto:	Herbert Kratky/shutterstock
Fotos im Innenteil:	CCvision
Satz:	PER Medien+Marketing GmbH, Braunschweig
Druck:	CPI – Ebner & Spiegel, Ulm

Hergestellt in Deutschland.
Gedruckt auf Papier aus nachhaltiger Forstwirtschaft.

Inhalt

Vorwort 11

Abkürzungen 13

I. Teil: Bauernendspiele

Bauernendspiele ohne Figuren 15
1. Vorsicht mit dem Springerbauern 16
2. Die Opposition (Gegenüberstellung der Könige) 18

Ein Bauer gegen einen 20
1. Blockierte Bauern 20
2. Bauern auf Nachbarwegen 26
3. Freibauer gegen Freibauer 30
4. Richard Rétis berühmte Studie (1921) 39
5. Das Bauernquadrat 42

Zwei Bauern gegen einen 44

A) Doppelbauer gegen einen Bauern 44
1. Der blockierte Doppelbauer 45
2. Gegenbauer auf demselben Wege 50
3. Gegenbauer auf dem Nachbarwege 53
4. Der Doppelbauer als Freibauer 59

B) Zwei einzelne Bauern gegen einen Bauern 61
1. Wettrennen der Freibauern ... 61
2. Der schwarze Bauer blockiert einen Feind 64
3. Eroberung des Blockadebauern ... 66
4. Kein Freibauer ... 67
5. Geistreicher Tempogewinn ... 68
6. Ein einfacher Trick ... 70
7. Eile mit Weile ... 71
8. Die Dreiecksnutzung ... 72
9. Entfernte Einzelbauern ... 75
10. Tempoverlust durch Schlagen ... 76

C) Zwei verbundene Bauern gegen einen Bauern 78
1. Der gedeckte Freibauer ... 78
2. Festgelegte Bauern ohne Freibauern ... 87
3. Bauerpaar nicht festgelegt ... 95

Zwei gegen zwei ... 100
Endspiele mit Freibauern ... 100
1. Beide haben zwei Freibauern ... 100
2. Beide haben einen Freibauern ... 106
3. Nur ein Freibauer ... 111
4. Kein Freibauer vorhanden ... 112

Drei Bauern gegen zwei 122
1. Der starke König 122
2. Der günstige Abtausch 123
3. Kampf der Könige 124
4. Dreimal Damenspieß 126
5. Lehrreiche Zurückdrängung des Königs 128
6. Bauern ohne Hilfe 130
7. Der Stellungsvorteil 131
8. Ein amüsanter Pattwitz 133
9. Der Sieg des Mehrbauern 134

Drei gegen drei 135
1. Der entfernte Freibauer 135
2. Erfolgreicher Bauerndurchbruch 136
3. Doppeltes Bauernopfer 137
4. Geglückte Verwandlung 138
5. Nochmals Damenopfer 140
6. Ein lehrreiches Beispiel 141
7. Der Zugzwang 143
8. Vor- und Nachteil des Doppelbauern 144
9. Der gesparte Bauernzug 146
10. Das Bauernquadrat 147

Mehrere Bauern 149
1. Der Durchbruch 149
2. Wie Bauern die Dame bezwingen 152
3. Épaulettenmatt mit einem Bauern 154
4. Der starke Doppelbauer 155
5. Die Unterumwandlung 156
6. Der schädliche Bauer 158
7. Ein tolles Endspiel 160

II. Teil: Mattangriffe mit Bauernhilfe

Bauernmatt mit Figuren 163
1. Das Springer-Bauernmatt 163
2. Das Läufer-Bauernmatt 171
3. Das Turm-Bauernmatt 179
4. Das Dame-Bauernmatt 185

Die Umwandlung 200
1. Eine neue Dame 200
2. Die Springer-Umwandlung 209

Der Vorposten 212
1. Der Bauer in der 6. Reihe 212
2. Der Zentrumskeil 218
3. Das Bauernzentrum 220
4. Bauernhilfe für Leichtfiguren 225

Der Bauernsturm 229
1. Ein einfaches Beispiel 229
2. Der Bauernvormarsch 230
3. Vormarsch der Zentrumsbauern 235
4. Ein musterhafter Bajonett-Angriff 238
5. Die Kraft des Bauernzentrums 243

Die Blockade 247
1. Ein Blockade-Spiel 248
2. Herrliche Einengung 255
3. Das Blumenfeld-Gambit 260

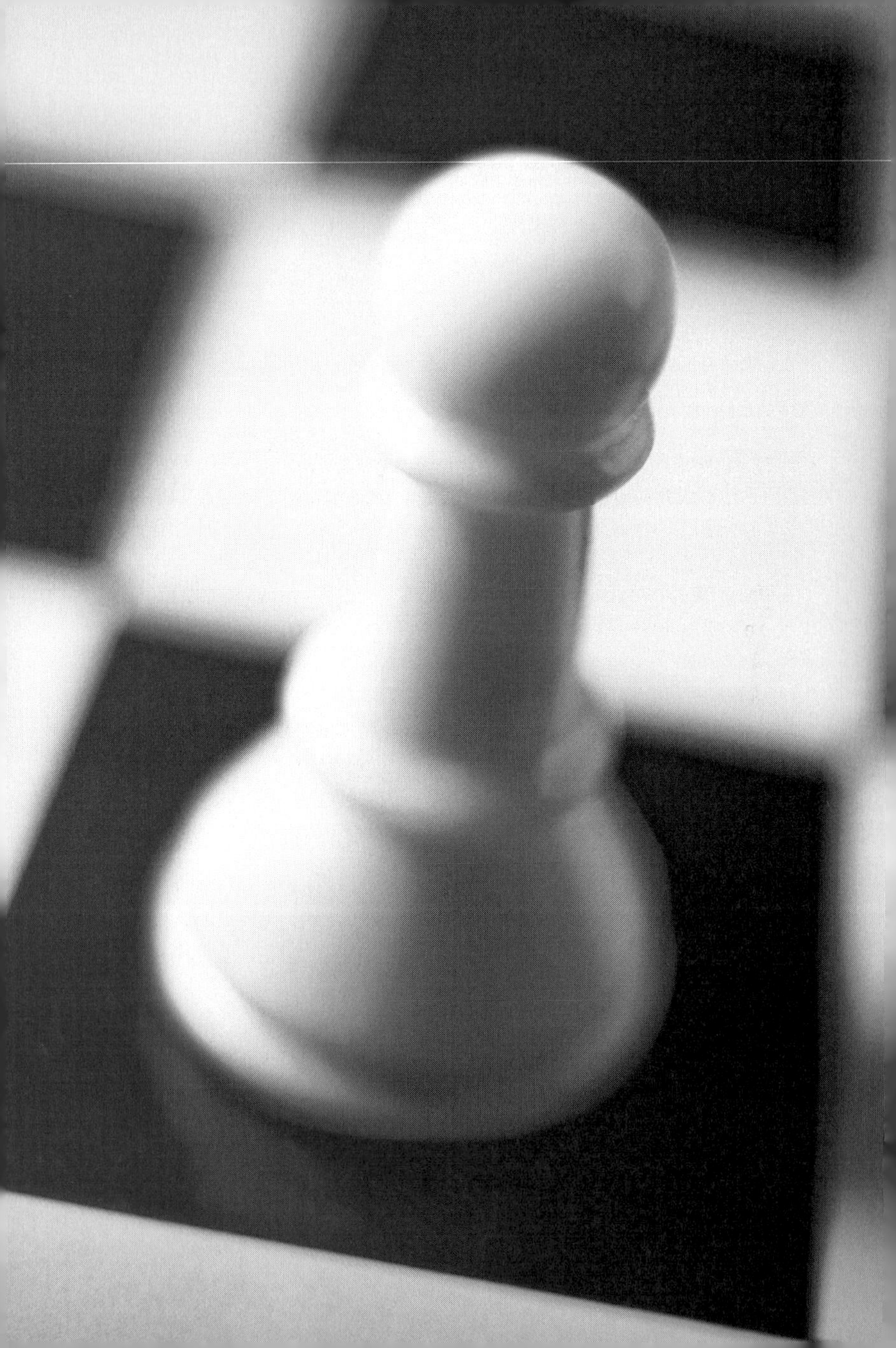

Vorwort

Das scheinbar einfache Spiel mit Bauern ist viel schwieriger, als man es annehmen würde. Selbst starke Spieler stolpern oft, wenn es zum Bauernendspiel kommt.

Meine Bestrebung ist, aus der umfangreichen Endspiel-Theorie das notwendige Minimum auszulesen und damit die möglichst maximale Anhebung der Spielstärke zu erreichen. So bin ich auf das reine Bauernendspiel (ohne Figuren) gestoßen. Nur wer das Bauernendspiel gründlich beherrscht, kann sich zu Recht als „Schachspieler“ bezeichnen.

Das Bauernendspiel ist voll von Überraschungen. Es hat zahlreiche Feinheiten und Kniffe. Die geneigten Schachfreunde werden bestimmt mehr Freude erleben als durch das Studium der langweiligen und trockenen Eröffnungsvarianten.

Viele junge Spieler lehnen das Endspiel ab, um sich lediglich auf die Eröffnung zu konzentrieren. Sie werden aber das Schach nie richtig verstehen und werden nie imstande sein, eine wertvolle Partie zu liefern.

Häufig nennt man die Bauernendspiele auch „Königsendspiele“, und zwar nicht ganz zu Unrecht. Der König ist eine starke Figur, und meistens entscheidet er über den Ausgang des Bauernendspiels.

Im ersten Teil dieses Büchleins öffnet sich das Tor in das Wunderreich der Bauernendspiele. Im zweiten Teil folgt der „Bajonett-Angriff". Diese Benennung stammt von Carl Schlechter und bezeichnet den Sturm der Bauern gegen die feindliche Rochade-Stellung. Zum Schluss erleben wir die Siege durch Einengung des Gegners – wobei die Bauern die Hauptrolle spielen.

Ich vermied überall die allzu vielen Beispiele. Denn die Schachschüler wollen ja „lieber angeregt als unterrichtet" sein.

Dr. Ing. László Orbán

Abkürzungen

–	=	zieht, geht nach
×	=	schlägt, nimmt
:	=	schlägt, nimmt
e. p.	=	en passant (Schlagen im Vorübergehen)
!!	=	ausgezeichneter Zug
+	=	Schach
(+)	=	aufgedecktes Schach
+ +	=	Doppelschach
#	=	Matt
(#)	=	aufgedecktes Matt
##	=	Doppelmatt
=	=	Remis, Gleichstand
0–0	=	kurze Rochade
0–0–0	=	lange Rochade
!	=	starker Zug
?	=	schwacher Zug
??	=	grober Fehler
!?	=	zweischneidiger Zug
?!	=	zweifelhafter Zug
~	=	beliebiger Zug
…	=	fehlender Zug

Der „e"-Weg ist mit dem französischen bzw. ungarischen Buchstaben „é" statt des üblichen „e" gezeichnet, damit beim Nachspielen der Partie „c" und „e" nicht verwechselt werden.

I. Teil
Bauernendspiele

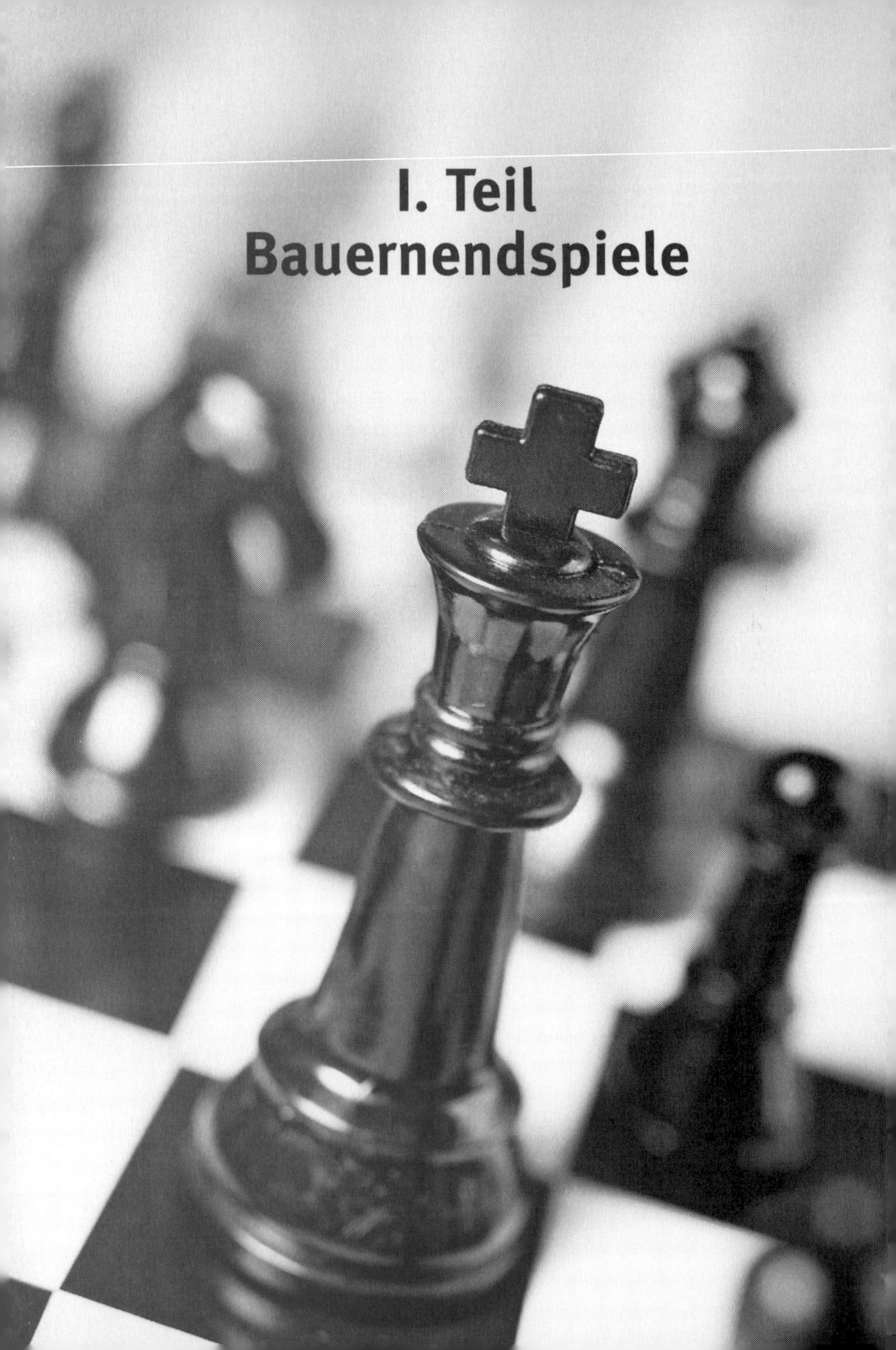

Bauernendspiele ohne Figuren

Der Zweck des Bauernendspiels ist die Umwandlung eines Bauern in eine Dame. Die Bauernendspiele sind bei weitem die wichtigsten Endspiele im Schach. Wir teilen sie in zwei große Gruppen ein:

1) Bauer (oder Bauern) gegen den einsamen König,
2) Bauern gegen Bauern (ohne Figuren).

In meinem humboldt-Buch „Schach für Anfänger"* habe ich dem Umwandlungskampf gegen den alleinstehenden König mehr als 40 Seiten gewidmet. Ich empfehle den lieben Leserinnen und Lesern, diese leichtverständlichen Erörterungen zu lesen.

Hier werde ich nur auf die Pattgefahr mit dem Springerbauern (g- oder b-Bauern) und auf die Opposition hinweisen.

* Dr. László Orbán, Schach für Anfänger. ISBN 978-3-89994-222-4

1. Vorsicht mit dem Springerbauern

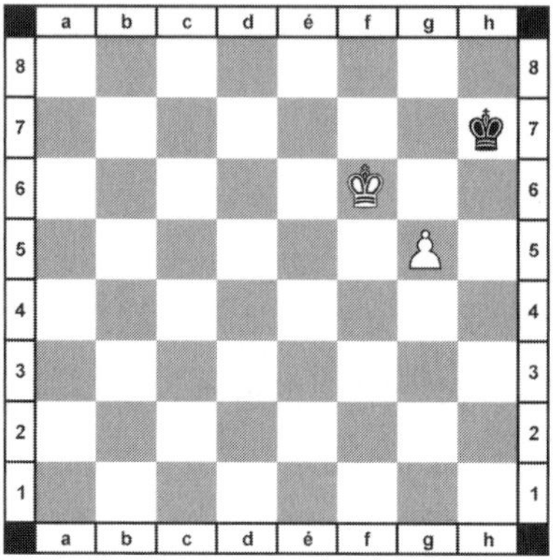

1
Weiß: Kf6, Bg5.
Schwarz: Kh7.
Weiß gewinnt.
In diesem Endspiel ist die Pattgefahr groß, falls Weiß ungenau spielt.

1. Spiel (falsch)

1. g5–g6+?	**1. …**

So kann Weiß nicht gewinnen. Notwendig ist ein Königszug nach f7. (Siehe 2. Spiel)

1. …	**1. Kh7–h8**
2. g6–g7+	**2. …**

Oder 2. Kf6–f7 Patt.

2. …	**2. Kh8–g8**
3. Kf6–g6	**Patt**

Spielt Weiß anders, dann schlägt der schwarze König den Bauern.

2. Spiel (richtig)

1. Kf6–f7!	**1. …**

Weiß beabsichtigt, seinen König vor den Bauern zu bringen.

1. …	**1. Kh7–h8**
2. Kf7–g6!	**2. …**

Nicht jedoch 2. g5–g6?? Patt.

2. …	**2. Kh8–g8**
3. Kg6–h6	**3. Kg8–h8**
4. g5–g6	**4. …**

Dieser Bauernvormarsch zwingt den schwarzen König, die Opposition aufzugeben.

4. …	**4. Kh8–g8**
5. g6–g7!	**5. …**

Verbietet dem schwarzen Herrscher das Feld h8.

5. …	**5. Kg8–f7**
6. Kh6–h7	**6. …**

Der weiße König beherrscht nun das Umwandlungsfeld g8.

6. …	**6. K~**
7. g7–g8(D)	**und gewinnt**

2. Die Opposition (Gegenüberstellung der Könige)

Die Opposition der Könige spielt häufig eine entscheidende Rolle im Bauernendspiel. Wer die Opposition hat, kann verhindern, dass der feindliche König in sein Lager eindringt, aber seinerseits kann er in die gegnerische Stellung einbrechen – vorausgesetzt, dass der Gegner keinen anderen Stein besitzt und mit einem Königszug die günstige Opposition aufgeben muss.

Die Opposition ist das Kampfmittel der Könige gegeneinander. Bei gerader Opposition stehen die beiden Könige auf demselben Weg, bei der Seiten-Opposition auf derselben Reihe. Es gibt auch schräge Opposition auf derselben Schräge.

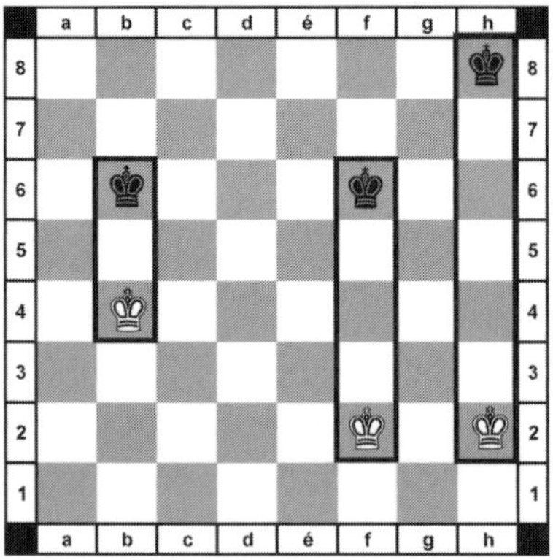

2
Die gerade Opposition Kb4–Kb6, Ké2–Ké6, Kh2–Kh8

Bei der Opposition stehen die Könige **auf Feldern gleicher Farbe.** Zwischen ihnen befindet sich eine **ungerade Zahl** (1, 3 oder 5) **von Feldern.**

In „Schach für Anfänger“ (ht 85, siehe Seite 4) haben wir die **Nah-Opposition** kennengelernt. Zwischen den beiden Königen befindet sich lediglich **ein Feld,** so zum Beispiel Kb4 und Kb6.

Wichtig ist auch die **Fern-Opposition,** wobei sich zwischen den beiden Streithähnen drei Felder befinden (zum Beispiel Ké2–Ké6). Es gibt aber noch eine weitere Fern-Opposition mit **fünf Feldern** zwischen den beiden Königen (so Kh2–Kh8).

Ein Bauer gegen einen

Dieses Endspiel kann in drei Gruppen eingeteilt werden:
1) Bauern auf demselben Wege,
2) Bauern an Nachbarwegen,
3) zwei Freibauern.

1. Blockierte Bauern

Um dieses Endspiel zu gewinnen, ist es unerlässlich, den gegnerischen Bauern zu erobern.

a) Abbé Durands Grenzbereiche (1860)

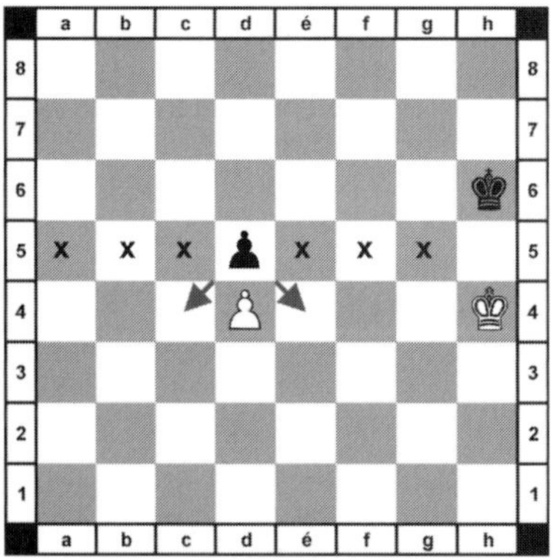

3
Weiß: Kh4, Bd4.
Schwarz: Kh6, Bd5

Diagramm 3 zeigt den Grenzbereich des schwarzen Bauern. Zum Grenzbereich gehören die drei Felder links und rechts neben dem Bauern. Sie sind mit einem Kreuz versehen.

Der weiße König kann nur dann den schwarzen Bauern erobern, falls es ihm gelingt, ein angekreuztes Feld zu betreten. Mit Weiß am Zug ist das Spiel Remis, weil Schwarz die Opposition hat, und er kann den Grenzbereich seines Bauern verteidigen:

1. Kh4–g4	**1. Kh6–g6**
2. Kg4–f4	**2. Kg6–f6**
3. Kf4–g4	**3. Kf6–g6 =**

b) Erbeutung des feindlichen Bauern

Ist Schwarz am Zug, dann verliert er seinen Bauern, weil der weiße König den Grenzbereich des schwarzen Bauern betreten und mit Seiten-Opposition den schwarzen König abdrängen kann:

1. …	**1. Kh6–g6**
2. Kh4–g4	**2. Kg6–f6**

Nicht Kg6–h6? 3. Kg4–f5!, und es ist um den Bauern geschehen.

3. Kg4–f4	**3. …**

Falls jetzt Kf6–g6? dann 4. Kf4–é5 nebst 5. Ké5 × d5 und gewinnt.

3. …	**3. Kf6–é6**

Schwarz ist gezwungen, ein Feld der Grenzbereiche freizugeben.

4. Kf4–g5!	**4. …**

Der weiße König befindet sich nun im Grenzbereich des schwarzen Bauern.

4. …	**4. Ké6–é7**
5. Kg5–f5	**5. …**

Wenn 4. … Ké6–d6, dann sofort 5. Kg5–f6!

5. …	**5. Ké7–d6**

Nun drängt Weiß mit Seitenopposition den schwarzen König ab:

6. Kf5–f6!	**6. Kd6–d7**

Oder 6. … Kd6–c6; 7. Kf6–é6!

7. Kf6–é5	**7. Kd7–c6**
8. Ké5–é6!	**8. …**

Schwarz verliert den Bauern. Aber „noch ist Polen nicht verloren".

8. …	**8. Kc6–c7!**
9. Ké6×d5	**9. Kc7–d7!! =**

Schwarz gewinnt die Opposition. Die Schlussstellung ist mit Weiß am Zug remis.

c) Wann Weiß gewinnen kann

Falls wir alle Steine ein Feld nach oben verschieben, entsteht die folgende Schlussstellung: Weiß: Kd6, Bd5; Schwarz: Kd8. Weiß gewinnt auch dann, falls Schwarz die Opposition hat: 1. Kd6–é6, Kd8–é8; 2. d5–d6!, Ké8–d8; 3. d6–d7, Kd8–c7; 4. Ké6–é7 nebst 5. d7–d8(D).

d) Das Schlagen von blockierten Bauern

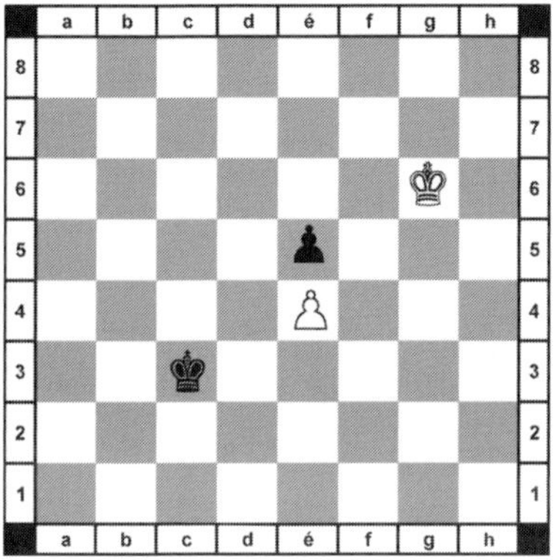

4
Weiß: Kg6, Bé4.
Schwarz: Kc3, Bé5.
Wer am Zug ist, gewinnt.

Der König muss den feindlichen Bauern von hinten angreifen, um ihn zu erbeuten und zugleich seinen eigenen Bauern zu behalten. Weiß am Zug spielt:

1. Kg6–f6!	1. …

Nicht hastig 1. Kg6–f5? Kc3–d4! Weiß im Zugzwang muss seinen Bauern preisgeben: 2. K~, Kd4×é4 und Schwarz gewinnt.
Der König sollte also den Bauern von hinten angreifen!

1. …	**1. Kc3–d4**
2. Kf6–f5	**2. Kd4–c5**

Erzwungen. Beachten wir, wie der weiße Bauer Feld d5 verbietet.

3. Kf5×é5	**Weiß gewinnt.**

Schwarz am Zug zieht:

1. ...	**1. Kc3–d3!**

Verlieren würde 1. ... Kc3–d4?, 2. Kg6–f5! nebst 3. Kf5×é5.

2. Kg6–f5	**2. Kd3–d4**
3. K~	**3. Kd4×é4**

und Schwarz gewinnt.

e) Abbé Durands Remisstellung

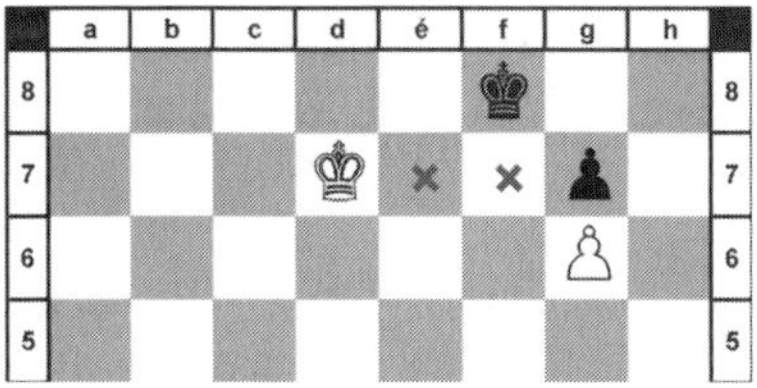

5
Weiß: Kd7, Bg6.
Schwarz: Kf8, Bg7.
Remis. Anzug beliebig.

Eine Ausnahme. Der weiße König befindet sich im Grenzbereich des feindlichen Bauern. Trotzdem kann Weiß wegen der Pattgefahr nicht gewinnen:

1. Kd7–d8	**1. Kf8–g8**
2. Kd8–é7	**2. Kg8–h8**
3. Ké7–f7 =	**Patt**

Dasselbe gilt, falls die blockierten Bauern Turmbauern sind.

f) Schräge Annäherung des Königs

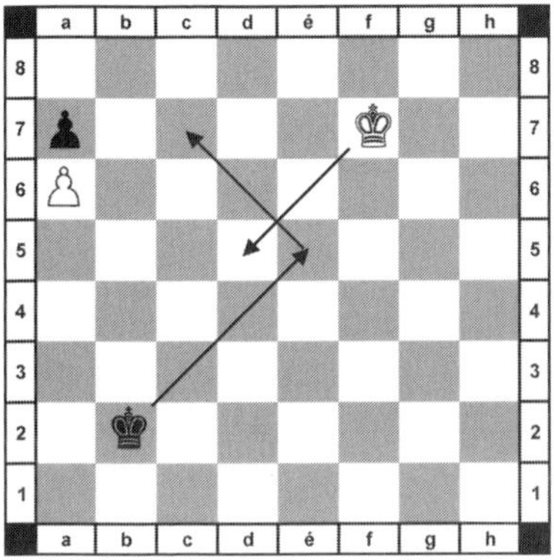

6
Weiß (am Zug): Kf7, Ba6.
Schwarz: Kb2, Ba7.

Der König reist schräg ebenso schnell wie gerade. Er kann also auf einmal zwei verschiedene Aufgaben meistern.
Die folgende Stellung ist in der Partie Willi Schlage – Carl Ahues (Berlin 1921) vorgekommen.
Der schwarze Bauer ist unrettbar verloren. Gelingt es jedoch dem schwarzen König, rechtzeitig das Feld c7 zu erreichen, dann kann er den Anziehenden patt stellen. So geschah es in der Partie. Beachtung verdient der Marsch des schwarzen Königs: b2–c3–d4–é5–d6–c7.

1. Kf7–é6	**1. Kb2–c3!**
2. Ké6–d6??	**2. Kc3–d4!**
3. Kd6–c6	**3. Kd4–é5**
4. Kc6–b7	**4. Ké5–d6**
5. Kb7×a7	**5. Kd6–c7! =**
6. Ka7–a8	**6. Kc7–c8**

Indessen könnte Weiß gewinnen, falls er – statt nur den schwarzen Bauern anzupeilen – gleichzeitig auch den schwarzen König vom Feld c7 ferngehalten hätte.
Das richtige Spiel war also:

1. Kf7–é6!	**1. Kb2–c3!**
2. Ké6–d5!!	**2. …**

Verbietet dem schwarzen König das rettende Feld d4.

2. …	**2. Kc3–b4**

Auch über d3–é4–d5–c6 käme der schwarze König einen Zug zu spät nach c6.

3. Kd5–c6	**3. Kb4–a5**
4. Kc6–b7	**4. Ka5–b5**
5. Kb7×a7	**5. Kb5–c6**
6. Ka7–b8!	**6. …**

und der Bauer wird in eine Dame umgewandelt.

2. Bauern auf Nachbarwegen

Befinden sich die Bauern auf Nachbarwegen, dann können sie einander nicht blockieren, aber unter Umständen schlagen.

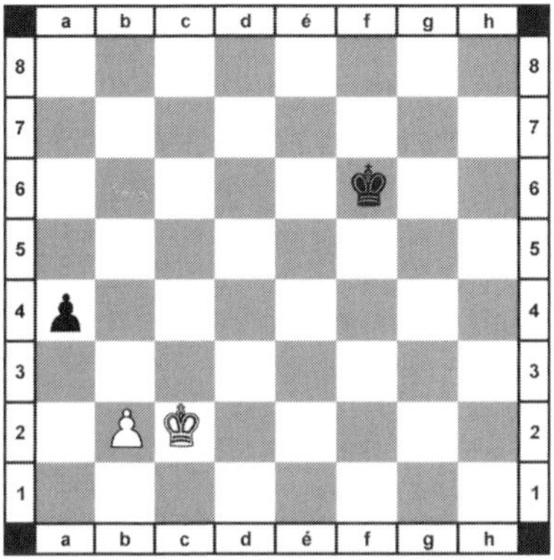

7
Weiß Kc2, Bb2.
Schwarz: Kf6, Ba4.
Endspiel von C. E. C. Tattersal (1910).
Weiß am Zug gewinnt.

1. Spiel (falsch)

1. Kc2–c3?	**1. a4–a3!!**

Falls Weiß das Opfer annimmt, wird sein Bauer nach 2. b2 × a3? ein Turmbauer. Der schwarze König befindet sich in seinem Quadrat und kann mühelos die Ecke a8 mit Remis erreichen.

2. b2–b4	**2. …**

Nicht 2. b2–b3? Kf6–é5!

2. …	**2. a3–a2**
3. Kc3–b2	**3. a2–a1(D)+**
4. Kb2 × Da1	**4. Kf6–é6**
5. Ka1–b2	**5. Ké6–d6 =**
6. Kb2–a3	**6. Kd6–c6**
7. Ka3–a4	**7. Kc6–b6 =**

2. Spiel (richtig)

1. Kc2–b1!!	**1. …**

Ein überraschender Umweg. Nach 1. … Kf6–é5?; 2. Kb1–a2, Ké5–d5; 3. Ka2–a3, Kd5–c5; 4. Ka3 × a4, Kc5–b6; 5. Ka4–b4!
Weiß hat die Opposition und kann seinen Bauern in eine Dame umwandeln.

1. …	**1. a4–a3!**

Leider hilft nun dieses attraktive Opfer nicht mehr. Die Annahme des Opfers 2. b2 × a3? ergibt offensichtlich nur Remis, da der schwarze König die Ecke a8 besetzen kann.

2. b2–b3!!	**2. Kf6–é5**
3. Kb1–a2	**3. Ké5–d5**
4. Ka2 × a3	**4. Kd5–c6!**

Eine geistreiche Falle.

5. Ka3–a4!	**5. …**

Nicht etwa 5. Ka3–b4? Kc6–b6! Schwarz hat die Opposition mit einem Remisschluss.

5. …	**5. Kc6–b6**
6. Ka4–b4	**6. …**

Jetzt hat Weiß die Opposition und gewinnt durch Umwandlung seines Bauern.
Beachten Sie noch den 2. Zug von Weiß! Nach 2. b2–b4?? (statt 2. b2–b3!) wäre der Gewinn nicht möglich.

Ein weiteres Beispiel:

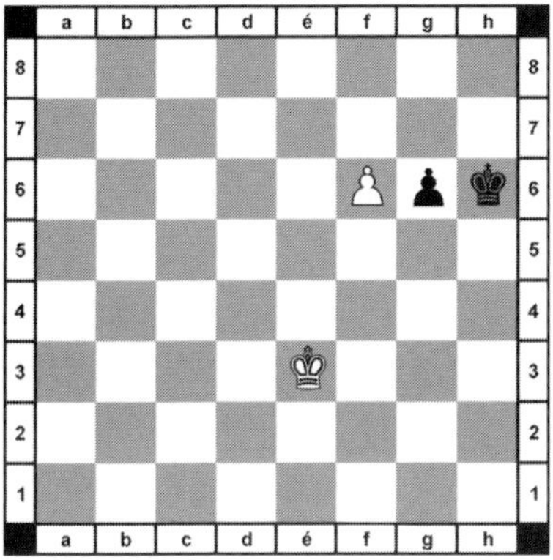

8
Weiß Ké3, Bf6.
Schwarz: Kh6, Bg6.
Endspiel von
Dr. Ladislav Prokeŝ
(1946).
Weiß am Zug gewinnt.

1. Ké3–f4!	**1. ...**

1. Spiel

1. ...	**1. g6–g5+**
2. Kf4–f5	**2. g5–g4!**

Will Weiß gewinnen, so darf er den Bauern nicht schlagen, da er nach 3. Kf5 × g4? Kh6–g6! seinen Bauern auch verliert.

3. Kf5–é6	**3. g4–g3**
4. f6–f7	**4. ...**

Falls nun g3–g2, so 5. f7–f8 (D)+, K~; 6. Df8–f2 und Weiß gewinnt.

4. ...	**4. Kh6–g7**
5. Ké6–é7	**Weiß gewinnt.**

2. Spiel

1. …	**1. Kh6–h7**
2. Kf4–g5	**2. Kh7–h8!**

Jetzt nicht 3. Kg5 × g6? Kh8–g8 =. Schwarz hat die Opposition und verhindert die Umwandlung.

3. Kg5–h6!	**3. …**

Nach dem Textzug hat Weiß die Opposition und gewinnt leicht. Falls nun g6–g5, dann 4. f6–f7! nebst 5. f7–f8(T)#.

3. …	**3. Kh8–g8**
4. Kh6 × g6	**4. Kg8–h8!**

Der letzte Witz. Nun wäre Schwarz nach 5. f6–f7?? patt.

5. Kg6–f7	**5. Kh8–h7**
6. Kf7–é8	**Weiß gewinnt,**

da Schwarz die Umwandlung des Bauern nicht verhindern kann.

3. Freibauer gegen Freibauer

Der Zweck des Bauernendspiels ist immer die Umwandlung des eigenen Bauern. Der Ausgang des Spieles hängt von der Stellung der Bauern und der Könige ab.
Derjenige Spieler gewinnt, dem es gelingt:

1) seinen Bauern früher umzuwandeln als der Gegner,
2) die Umwandlung mit einem Schachgebot zu verbinden,
3) bei gleichzeitiger Umwandlung den gegnerischen König matt zu setzen oder seine Dame zu erbeuten,
4) den feindlichen Bauern zu schlagen.

a) Wer wandelt zuerst um?

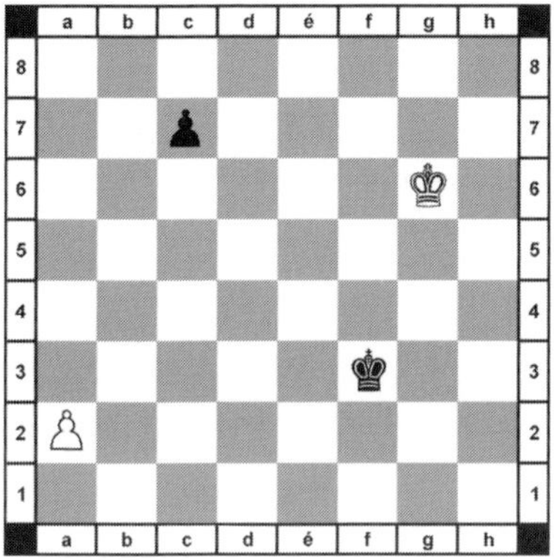

9
Weiß: Kg6, Ba2.
Schwarz: Kf3, Bc7.
Weiß beginnt und gewinnt.
Endspiel von Nikolaj D. Grigorjew (1935)

1. Kg6–f5!	**1. …**

Weiß geht in Opposition und verbietet dem feindlichen König das Feld é4.
Verfrüht wäre 1. a2–a4?, Kf3–é4; 2. a4–a5, Ké4–d5 und Schwarz erwischt den gegnerischen Bauern.

1. …	**1. Kf3–é3!**

Am besten. Falsch wäre c7–c5? wegen 2. Kf5–é5! und Weiß erbeutet den Bauern.

2. Kf5–é5	**2. c7–c6!**

Verbietet dem weißen König das Feld d5. Schwarz droht, mit Ké3–d3 das Remis zu erzwingen.
Nach 2. … c7–c5? 3. Ké5–d5 gewinnt Weiß leicht.

Oder 2. … Ké3–d3?; 3. Ké5–d5, Kd3–c3; 4. Kd5–c5! und es ist aus. Der weiße Bauer verbietet dem schwarzen König das Feld b3, so dass er unbehindert zur Dame werden kann.

3. a2–a4	**3. Ké3–d3**
4. a4–a5!	**4. …**

Nicht jedoch 4. Ké5–d6? Kd3–c4! =

4. …	**4. c6–c5**

Mit seinem vortrefflichen 2. Zug (c7–c6!) gelang es dem Nachziehenden, den Vormarsch seines Bauern durchzusetzen.

5. a5–a6	**5. c5–c4**
6. a6–a7	**6. c4–c3**
7. a7–a8(D)	**7. c3–c2**

Falls der schwarze König das Feld b1 rechtzeitig erreichen kann, ist das Spiel remis.

8. Da8–d5+!	**8. …**

Vereitelt sämtliche Pläne des Nachziehenden.
Wenn nun Kd3–c3, dann 9. Dd5–d4+!, Kc3–b3; 10. Dd4–a1 und Weiß gewinnt. Zum Beispiel Kb3–c4; 11. Ké5–é4! und der Bauer fällt.
Oder 8. … Kd3–é3; 9. Dd5–g2!!, c2–c1(D); 10. Dg2–g5+ und die schwarze Dame stirbt.
Oder statt der Umwandlung 9. … Ké3–d3; 10. Dg2–g5!! nebst 11. Dg5–c1 und gewinnt.
Es bleibt also dem Nachziehenden nichts anderes übrig als:

8. …	**8. Kd3–é2**

Darauf folgt ein lehrreiches Schlussspiel:

9. Dd5–a2!	**9. Ké2–d1**
10. Ké5–d4!!	**10. c2–c1(D)**
11. Kd4–d3!	**11. …**

Das sofortige 12. Da2–é2# kann Schwarz nur durch Hergabe seiner Dame verzögern.

b) Umwandlung mit Schach

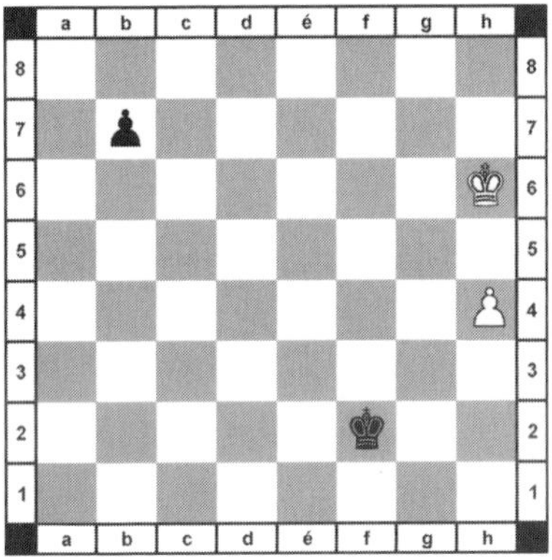

10
Weiß: Kh6, Bh4.
Schwarz: Kf2, Bb7.
Endspiel von
De Fejter (1939).
Weiß am Zug gewinnt.

1. Kh6–g5	**1. b7–b5**

Jetzt würden nach 2. h4–h5, b5–b4 beide Spieler ihren Bauern mit Remis umwandeln.

2. Kg5–f4	**2. …**

Um den schwarzen Bauern aufzuhalten.

2. …	**2. Kf2–é2!**

Selbstverständlich. Nach b5–b4?; 3. Kf4–é4! würde Weiß den Bauern schnappen.

3. Kf4–é4	**3. Ké2–d2**

Auch hier würde b5–b4? den Bauern verlieren.

4. Ké4–d4	**4. Kd2–c2**

Falls nun 5. h4–h5?, dann würde Schwarz durch b5–b4! Remis machen. Der weitere Bauernvormarsch führt zu gleichzeitiger Umwandlung mit Remisschluss.

5. Kd4–c5	**5. Kc2–c3!**

Um nach 6. Kc5×b5?, Kc3–d4; 7. h4–h5, Kd4–é5 den weißen Bauern mit Remis zu erobern.

6. h4–h5	**6. b5–b4**
7. h5–h6	**7. b4–b3**
8. h6–h7	**8. b3–b2**
9. h7–h8(D)+	**9. Kc3–c2**

Damit ist die Partie in ein Damenendspiel übergegangen: 10. Dh8–h2+, Kc2–c1; 11. Dh2–f4+, Kc1–c2; 12. Df4–c4+, Kc2–d2; 13. Dc4–b3, Kd2–c1; 14. Db3–c3+, Kc1–b1; 15. Kc5–c4, Kb1–a2; 16. Dc3–a5+, Ka2–b1; 17. Kc4–b3, Kb1–c1; 18. Da5–é1#.

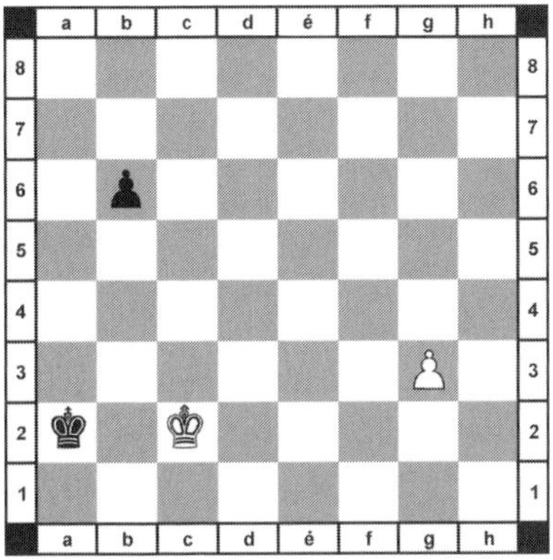

11
Weiß: Kc2, Bg3.
Schwarz: Ka2, Bb6.
Weiß am Zug gewinnt.
Endspiel von Nikolaj D. Grigorjew (1928)

Das Losfahren mit dem Bauern ergibt nur Remis: 1. g3–g4?, b6–b5; 2. g4–g5, b5–b4; 3. g5–g6, b4–b3+; 4. Kc2–c3, b3–b2; 5. g6–g7, b2–b1(D); 6. g7–g8(D)+, Ka2–a1! =. (Nicht Ka2–a3??; 7. Dg8–a8#.) Richtig ist:

1. Kc2–c3!	**1. Ka2–a3!**

Um den Bauern zu schirmen. Verlieren würde: b6–b5??; 2. Kc3–b4, Ka2–b2; 3. g3–g4! und der Bauer ist nicht aufzuhalten.

2. Kc3–c4	**2. Ka3–a4**
3. g3–g4	**3. b6–b5+**
4. Kc4–d3!	**4. Ka4–a3**

Erzwungener Tempoverlust. Hoffnungslos wäre stattdessen b5–b4?; 5. Kd3–c2!, Ka4–a3; 6. Kc2–b1.

5. g4–g5	**5. b5–b4**
6. g5–g6	**6. b4–b3**
7. g6–g7	**7. b3–b2**
8. Kd3–c2!!	**8. …**

Zwingt den schwarzen König, sich in ein Damenschach zu begeben.

8. …	**8. Ka3–a2**
9. g7–g8(D)+	**9. Ka2–a1**
10. Dg8–a8#	

Oder 9. … Ka2–a3; 10. Dg8–b3#.

c) Gleichzeitige Umwandlung nebst Matt oder Damengewinn

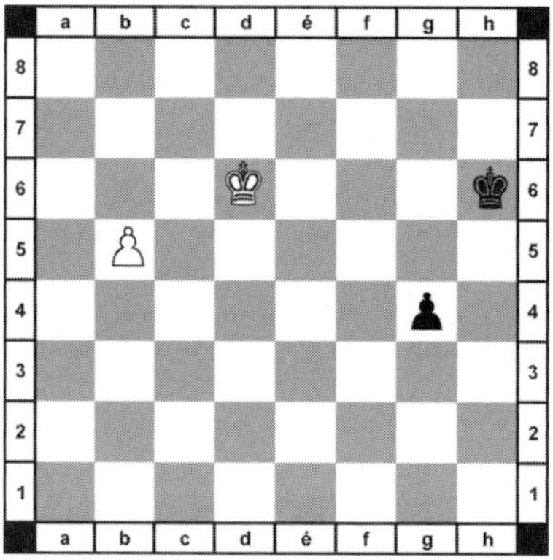

12
Weiß: Kd6, Bb5.
Schwarz: Kh6, Bg4.
Wer beginnt, der gewinnt.
Endspiel von Jean Preti (1887)

Weiß am Zug spielt:

1. b5–b6	**1. g4–g3**
2. b6–b7	**2. g3–g2**
3. b7–b8(D)	**3. g2–g1(D)**
4. Db8–h8+	**4. Kh6–g5(g6)**
5. Dh8–g8+	**5. K~**
6. Dg8 × Dg1	**und gewinnt.**

Schwarz am Zug zieht:

1. …	**1. g4–g3**
2. b5–b6	**2. g3–g2**
3. b6–b7	**3. g2–g1(D)**
4. b7–b8(D)	**4. Dg1–g3(h2)+**
5. K~	**5. Dg3 × Db8**

und Schwarz gewinnt.

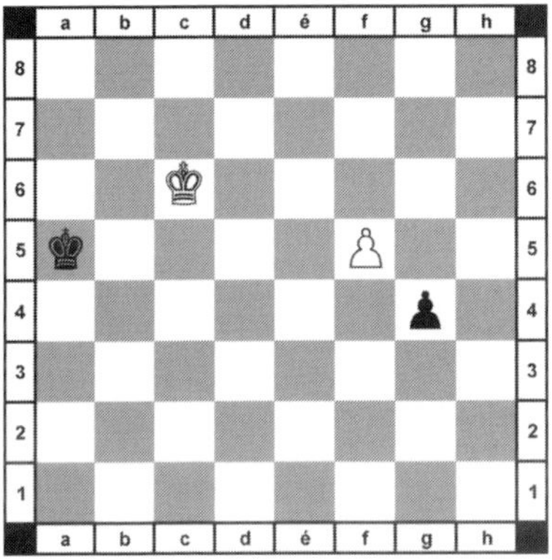

13
Weiß: Kc6, Bf5.
Schwarz: Ka5, Bg4.
Weiß am Zug gewinnt.
Stellung aus einer Studie von Nikolaj D. Grigorjew

1. f5–f6	**1. g4–g3**
2. f6–f7	**2. g3–g2**
3. f7–f8(D)	**3. g2–g1(D)**
4. Df8–a3#	

d) Schlagen des feindlichen Bauern

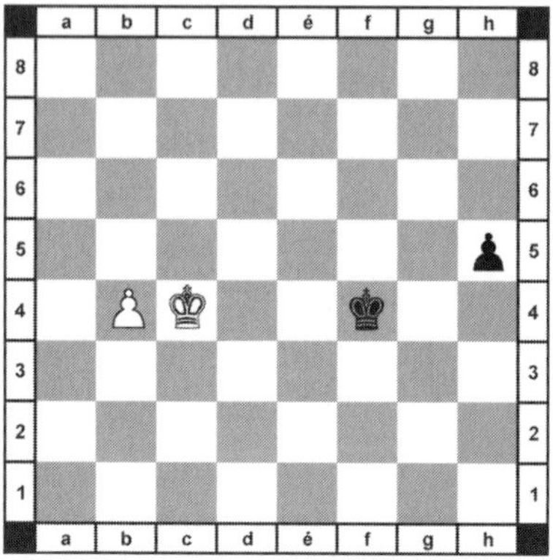

14
Weiß: Kc4, Bb4.
Schwarz: Kf4, Bh5.
Endspiel von
J. Moravec (1952).
Weiß am Zug gewinnt.

1. b4–b5	1. …

Hoffnungslos wäre nun für Schwarz h5–h4?; 2. b5–b6, h4–h3; 3. b6–b7, h3–h2; 4. b7–b8(D)+, K~; 5. Db8×h2.

1. …	**1. Kf4–é5**
2. b5–b6!	2. …

Nicht 2. Kc4–c5? (um den schwarzen König fernzuhalten), Ké5–é6:

a) 3. b5–b6, Ké6–d7 =

b) 3. Kc5–c6, h5–h4!, 4. b5–b6, h4–h3; 5. b6–b7, h3–h2; 6. b7–b8(D), h2–h1(D)+ =

2. …	**2. Ké5–d6**
3. Kc4–b5	**3. h5–h4!**

Verlieren würde Kd6–d7?; 4. Kb5–a6, Kd7–c8; 5. Ka6–a7!

4. Kb5–a6!	**4. ...**

Nicht jedoch 4. b6–b7?, Kd6–c7; 5. Kb5–a6, Kc7–b8! und Schwarz gewinnt.

4. ...	**4. h4–h3**
5. b6–b7	**5. Kd6–c7**
6. Ka6–a7	**6. h3–h2**
7. b7–b8(D)+	**7. Kc7–c6(d7)**
8. Db8×h2	**Weiß gewinnt.**

4. Richard Rétis berühmte Studie (1921)

Als Réti dieses Endspiel veröffentlichte, wurde es wie eine Offenbarung begeistert begrüßt.
Die Geometrie des Schachbrettes wird hier auf glänzende Weise illustriert. Will der König von h8 nach h2 gelangen, dann braucht er nicht schnurstracks auf dem h-Weg hinunterzulaufen. Er darf sich einen schrägen Umweg auf der Diagonale über é5 erlauben und kommt trotzdem in gleicher Zügezahl nach h2.

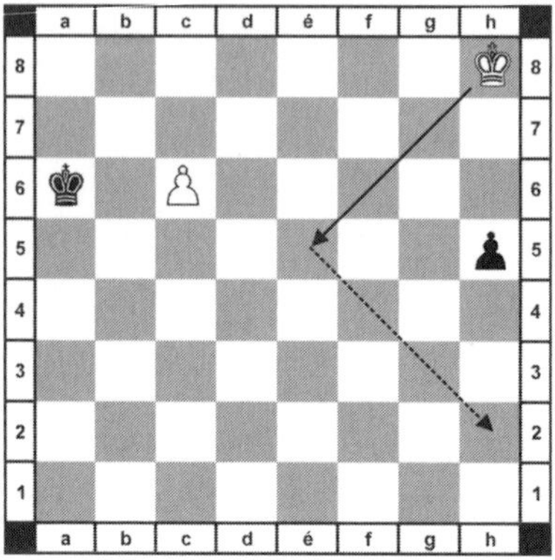

15
Weiß: Kh8, Bc6.
Schwarz: Ka6, Bh5.
Weiß am Zug macht Remis.

Der schwarze Bauer ist mit zwei Tempi im Voraus, während der weiße Bauer durch den schwarzen König mühelos erledigt werden kann. Doch hat Weiß eine wirksame Geheimwaffe:

1. Kh8–g7!	1. …

Wenn der weiße König auf der Diagonale h8–g7–f6–é5 zieht, dann löst er zwei Aufgaben auf einmal: Er nähert sich sowohl dem schwarzen Bauern, um diesen zu erbeuten, wie auch dem eigenen Bauern, um ihn zu verwandeln.

1. …	**1. h5–h4**
2. Kg7–f6!	2. …

1. Spiel

2. …	**2. h4–h3**
3. Kf6–é6(é7)!	**3. …**

Nun wendet sich der weiße König zum eigenen Bauern. Verlieren würde 3. Kf6–é5?; h3–h2; 4. c6–c7, Ka6–b7; 5. Ké5–d6, Kb7–c8! und Schwarz gewinnt.

3. …	**3. h3–h2**
4. c6–c7	**4. Ka6–b7**
5. Ké6–d7	**5. h2–h1(D)**
6. c7–c8(D)+ =	

2. Spiel

2. …	**2. Ka6–b6**
3. Kf6–é5!!	**3. …**

Falls nun 3. … Kb6×c6; 4. Ké5–f4! Der weiße König erreichte das Quadrat des schwarzen Bauern und wird ihn erbeuten. Somit ist das Spiel remis.

3. …	**3. h4–h3**
4. Ké5–d6!	**4. h3–h2**
5. c6–c7	**5. h2–h1(D)**
6. c7–c8(D) =	

Das Spiel ist auch dann remis, falls 1. Kh8–g7! mit Ka6–b6 beantwortet wird: 2. Kg7–f6! (mit der Drohung: 3. Kf6–g5 =), 2. … h5–h4; 3. Kf6–é5!. (Es droht 4. Ké5–f4 =.) 3. … h4–h3; 4. Ké5–d6! =.

5. Das Bauernquadrat

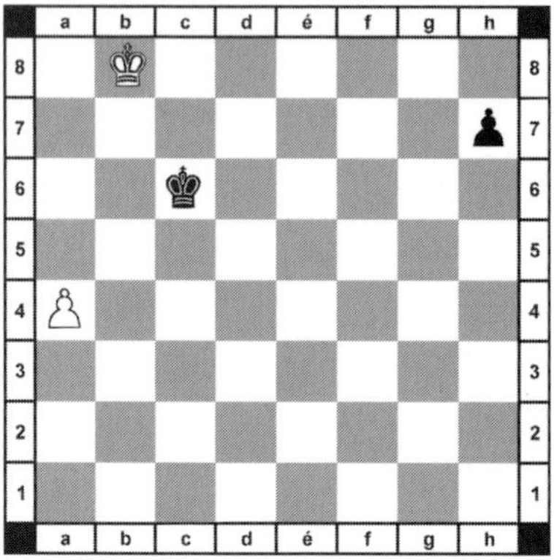

16
Weiß: Kb8, Ba4.
Schwarz: Kc6, Bh7.
Weiß am Zug
macht Remis.
Endspiel von
Dr. Ladislav Prokeŝ
(1936)

Offensichtlich kann Schwarz seinen Bauern umwandeln, Weiß aber nicht. Doch hat Weiß eine verborgene Rettung:

1. a4–a5!	**1. Kc6–b5**

Erzwungen. Schwarz muss a5–a6 verhindern.

2. Kb8–b7	**2. ...**

Weiß droht mit 3. a5–a6 zu gewinnen. Schwarz muss also den Bauern schlagen.

2. ...	**2. Kb5×a5**

Der Schwarze König musste das Feld c6 seinem Gegner überlassen.

3. Kb7–c6!	**3. h7–h5**
4. Kc6–d5	**4. …**

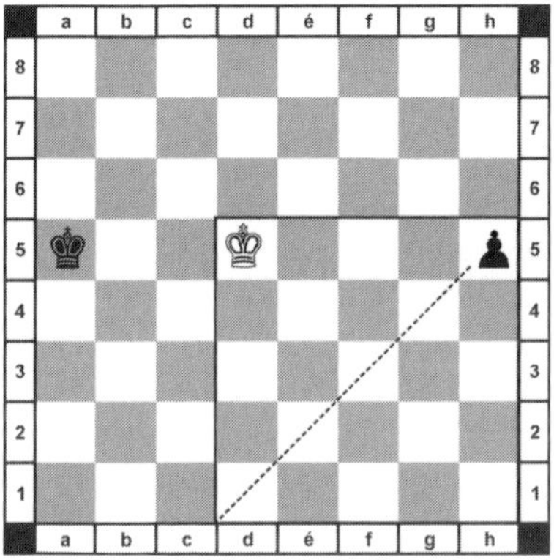

17
Weiß: Kd5.
Schwarz: Ka5, Bh5.

Der weiße König ist in das Quadrat des schwarzen Bauern getreten und kann die Umwandlung vereiteln, weil der schwarze König nicht eingreifen kann.

Zwei Bauern gegen einen

Der Mehrbesitz eines Bauern genügt in der Regel zum Sieg. Doch sind die Ausnahmen zahlreich, in denen die schwächere Partei das Remis erzwingt.
Die Verwertung eines Mehrbauern ist jedoch ziemlich schwierig und erfordert etliche Vorkenntnisse.
Wir teilen die Spiele in drei Gruppen ein:
A) Doppelbauer gegen einen Bauern,
B) zwei vereinzelte Bauern gegen einen Bauern,
C) zwei verbundene Bauern gegen einen Bauern.

A) Doppelbauer gegen einen Bauern

Der Doppelbauer ist die schwächste Aufstellung. Doch ist er stärker als nur ein Bauer.
Es gibt hier ebenfalls drei Möglichkeiten:

1) Alle drei Bauern befinden sich auf demselben Wege.
2) Die weißen und die schwarzen Bauern stehen auf zwei Nachbarwegen, so dass sie unter Umständen einander schlagen können.
3) Alle Bauern sind Freibauern ohne Schlagmöglichkeiten.

1. Der blockierte Doppelbauer

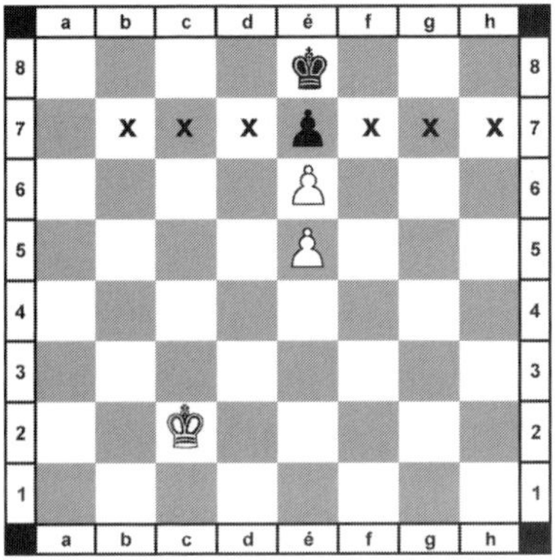

18
Weiß: Kc2, Bé5, é6.
Schwarz: Ké8, Bé7.
Endspiel von
F. J. Prokop (1925).
Weiß am Zug gewinnt.

1. Kc2–d3 **1. Ké8–d8**

Falls Ké8–f8, dann greift Weiß von links an.

2. Kd3–é4! 2. ...

Ungenügend wäre 2. Kd3–é3?, Kd8–c7!

a) 3. Ké3–f4, Kc7–c6; 4. Kf4–g5, Kc6–d5; 5. Kg5–f5, Kd5–d4 =.
b) 3. Ké3–d4, Kc7–b6. Der schwarze König hat den Grenzbereich des weißen Bauern é6 erreicht. 4. Kd4–d5, Kb6–b5! =.

2. ... **2. Kd8–é8**

Falls 2. ... Kd8–c7?, dann 3. Ké4–f5, Kc7–c6; 4. Kf5–g6, Kc6–c7; 5. Kg6–f7, Kc7–d8; 6. Kf7–f8! Schwarz ist in Zugzwang und muss seinen Bauern preisgeben: 6. ... Kd8–c7 (c8); 7. Kf8 × é7 und gewinnt.

3. Ké4–é3!!	**3. …**

Danach ist Schwarz in Zugzwang. Geht der schwarze Herrscher nach rechts, so greift Weiß links an und umgekehrt.

3. …	**3. Ké8–d8**
4. Ké3–f4	**4. …**

Oder 3. … Ké8–f8, 4. Ké3–d4.

4. …	**4. Kd8–é8**

Oder 4. … Kd8–c7; 5. Kf4–g5–g6–f7 und Weiß gewinnt.

5. Kf4–g5	**5. Ké8–f8**
6. Kg5–h6!!	**6. …**

Nicht 6. Kg5–g6?, Kf8–g8! =

6. …	**6. Kf8–g8**
7. Kh6–g6!	**7. …**

Weiß hat die Opposition und gewinnt. Nach 7. … Kg8–h8 folgt 8. Kg6–f7 nebst 9. Kf7 × é7.

7. …	**7. Kg8–f8**
8. Kg6–h7!	**8. Kf8–é8**
9. Kh7–g7	**9. Ké8–d8**
10. Kg7–f7	**10. Kd8–c7(c8)**
11. Kf7 × é7	**und gewinnt.**

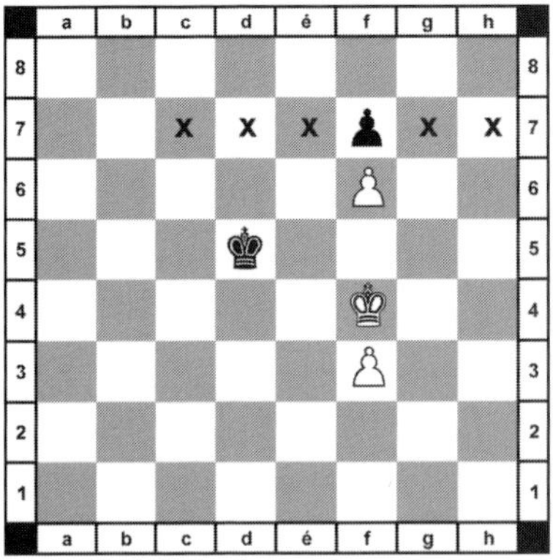

19
Weiß: Kf4, Bf3, f6.
Schwarz: Kd5, Bf7.
Weiß am Zug gewinnt.
Endspiel von Nikolaj D. Grigorjew (1935)

Unzureichend wäre 1. Kf4–g5?, Kd5–é5!; 2. f3–f4+, Ké5–é6! 3. f4–f5+, Ké6–é5 =.
Schwach ist auch 1. Kf4–g4?, Kd5–é6!; 2. Kg4–g5, Ké6–é5 =.
Der einzig richtige Zug ist:

1. Kf4–f5!!	**1. …**

Die Kraft der Seiten-Opposition.

1. Spiel

1. …	**1. Kd5–d4**
2. f3–f4!!	**2. …**

Verbietet dem schwarzen König das Feld é5. Falsch wäre an dieser Stelle 2. Kf5–g4?, Kd4–d5!!; 3. Kg4–h5?, Kd5–é6!!; 4. Kh5–g5, Ké6–é5 =.

2. …	**2. Kd4–d5**
3. Kf5–g4!!	**3. …**

Nicht 3. Kf5–g5?, Kd5–é6! =.

3. …	**3. Kd5–d6**

Auf andere Züge gewinnt das Manöver Kg4–g5–h6–g7.

4. Kg4–h5!!	4. …

Mit der Drohung Kh5–h6–g7.

4. …	**4. Kd6–é6**
5. Kh5–g5	5. …

Weiß gewinnt, weil Schwarz gegen den zweiten Bauern nicht Ké6–é5 spielen darf.

2. Spiel

1. …	**1. Kd5–d6**

Jetzt spielt Weiß nicht 2. Kf5–g4?, Kd6–é6! =. Auch nicht 2. Kf5–g5?, Kd6–é5! =. Richtig ist:

2. f3–f4!	**2. Kd6–d7**
3. Kf5–g4!!	**3. Kd7–é8!**
4. Kg4–h5	4. …

Weiß bewahrt das Besetzen des Feldes g5 für den richtigen Moment auf.

4. …	**4. Ké8–f8**
5. Kh5–g5!!	**5. Kf8–g8**

Es hilft auch Kf8–é8 nicht, wegen 6. Kg5–h6, Ké8–f8; 7. Kh6–h7! (oder 6. … Ké8–d7; 7. Kh6–g7!), und Weiß gewinnt.

6. Kg5–f5	**6. Kg8–h7**

Nicht jedoch Kg8–f8; 7. Kf5–é5, Kf8–é8; 8. Ké5–d6, Ké8–f8; 9. f4–f5!, Kd8–é8 (Schwarz ist im Zugzwang); 10. Kd6–c7, Ké8–f8; 11. Kc7–d7, Kf8–g8; 12. Kd7–é7, und der schwarze Bauer fällt.

7. Kf5–é4!!	**7. …**

Nach 7. Kf5–é5?, Kh7–g6! ist das Spiel remis.

a)	**7. …**	**7. Kh7–h6**
	8. Ké4–d5	**8. Kh6–g6**
	9. Kd5–é5!	**und gewinnt.**
b)	**7. …**	**7. Kh7–g6**
	8. Ké4–é5	**8. K~**
	9. Ké5–d6–é7	**und gewinnt.**
c)	**7. …**	**7. Kh7–g8**
	8. Ké4–é5	**8. Kg8–f8**
	9. Ké5–d6	**9. Kf8–é8**
	10. Kd6–c7!	**und gewinnt.**

2. Gegenbauer auf demselben Wege

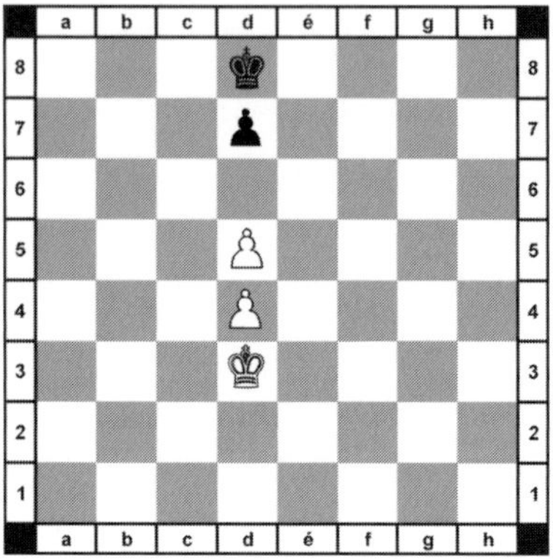

20
Weiß: Kd3, Bd4, d5.
Schwarz: Kd8, Bd7.
Weiß am Zug gewinnt.
Schwarz am Zug macht Remis.

1. d5–d6!	**1. Kd8–c8**

Wenn Kd8–é8, dann 2. Kd3–c4!

2. Kd3–é4!	**2. Kc8–b7**
3. Ké4–f5!	**3. …**

Falls 3. Ké4–é5?, Kb7–c6; 4. d4–d5+, Kc6–c5!, und Weiß verliert einen Bauern.

3. …	**3. Kb7–c6**

Gerichtet gegen die weiße Drohung Kf5–f6–é7.

4. Kf5–é5!	**4. …**

Danach ist Schwarz im Zugzwang, und der König kann nicht auf das Feld c5 ziehen.

4. ...	**4. Kc6–b7**
5. Ké5–f6	**5. Kb7–b6**
6. Kf6–é7	**6. Kb6–c6**
7. d4–d5+!!	**7. Kc6×d5**
8. Ké7×d7	**und gewinnt.**

Ist in der Ausgangsstellung Schwarz am Zug, so spielt er:

1. ...	**1. d7–d6!**
2. Kd3–c4	**2. ...**

Nach 2. Kd3–é4 folgt Kd8–é7.

2. ...	**2. Kd8–c8**

Ebenso gut ist auch Kd8–c7.

3. Kc4–b5	**3. Kc8–b7!**

Schwarz hat die Opposition und hält Remis.

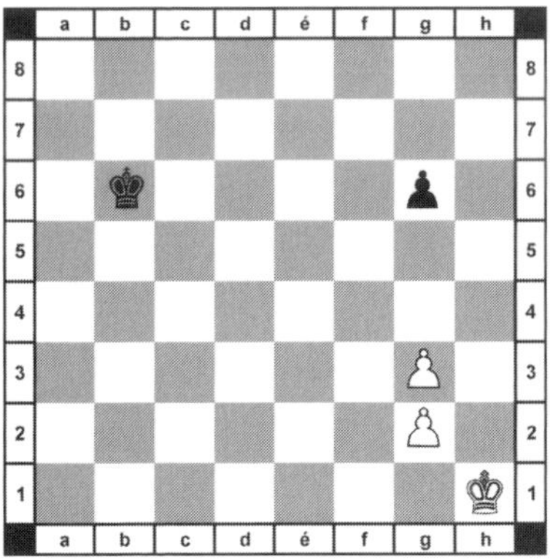

21
Weiß: Kh1, Bg2, g3.
Schwarz: Kb6, Bg6.
Endspiel von Nikolaj D. Grigorjew (1935).
Weiß am Zug gewinnt.

Falsch wäre 1. Kh1–h2?, Kb6–c5!; 2. Kh2–h3, Kc5–d4–é3! =. Richtig ist:

1. Kh1–g1!	**1. Kb6–c5**
2. Kg1–f2	**2. Kc5–d4**
3. Kf2–f3	**3. Kd4–é5!**

Schnell verlieren würde Kd4–d3?; 4. Kf3–f4! nebst 5. g3–g4.

4. Kf3–g4	**4. Ké5–f6**
5. Kg4–f4!	**5. …**

Die entscheidende Opposition. Zieht jetzt der schwarze König, dann gewinnt Weiß mit 6. Kf4–g5. Erzwungen ist daher:

5. …	**5. g6–g5+**
6. Kf4–é4	**6. Kf6–é6**
7. g3–g4!	**7. …**

Weiß gewinnt. Nach 7. … Ké6–f6; 8. Ké4–d5 verdrängt der weiße König seinen Rivalen und erbeutet den schwarzen Bauern – wie wir es im Kapitel „Grenzbereiche“ gesehen haben.

3. Gegenbauer auf dem Nachbarwege

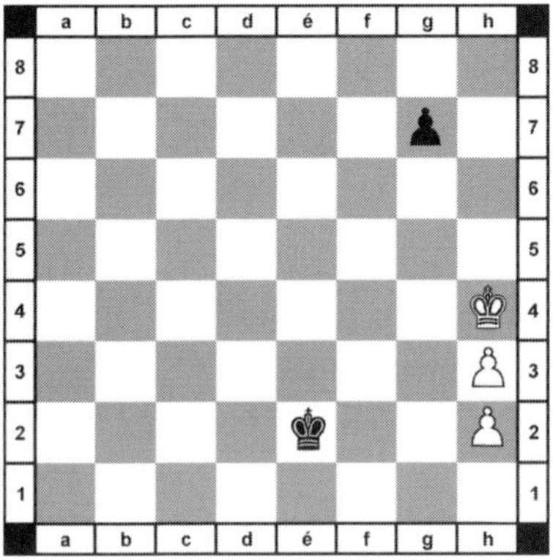

22
Weiß: Kh4, Bh2, h3.
Schwarz: Ké2, Bg7.
Endspiel von Nikolaj D. Grigorjew (1932)

1. Spiel (falsch)

1. Kh4–g5?	1. …

Dieser Zug ist zwar plausibel, aber schwach. Ebenso 1. Kh4–g4?, Ké2–f2!; 2. h3–h4, Kf2–g2; 3. h2–h3, g7–g6; 4. Kg4–g5; Kg2 × h3 =.

1. …	**1. Ké2–f3!**
2. h3–h4	**2. Kf3–g2!**
3. h4–h5	**3. Kg2–h3!**
4. Kg5–g6	**4. Kh3–g4!**
5. h2–h3+	**5. Kg4–h4!**

Verlieren würde 4. … Kh3–h4?; 5. h2–h3, Kh4 × h3; 6. Kg6 × g7!

Eine klare Remisstellung. Falls 6. Kg6 × g7, dann Kh4 × h5 =. Oder 6. h5 – h6, g7 × h6 =.

2. Spiel (richtig)

1. Kh4 – g3!	**1. …**

Der einzige Gewinnzug. Weiß gestattet dem Gegner die Seitenopposition – aber nur für einen Zug:

a)

1. …	**1. Ké2 – é3**
2. h3 – h4	**2. Ké3 – é4**

Der Vormarsch 2. … g7 – g6? würde nur das Ende beschleunigen.

3. Kg3 – g4	**3. Ké4 – é5**
4. Kg4 – g5	**4. Ké5 – é4**
5. h4 – h5!	**5. …**

Aber nicht 5. Kg5 – g6?, Ké4 – f4!; 6. h4 – h5, Kf4 – g4; 7. h2 – h3+, Kg4 – h4 =.

5. …	**5. Ké4 – f3**
6. Kg5 – f5!	**6. …**

Vertreibt den schwarzen König, und Weiß gewinnt leicht.

Schwarz musste allerdings in seinem 1. Zuge die Seitenopposition nicht annehmen:

b)	1. …	1. Ké2–f1

Schwarz versucht einen Angriff aus dem Hinterhalt.

2. h3–h4	2. Kf1–g1

Statt des Königszuges könnte Schwarz 2. … g7–g6 ziehen: 3. Kg3–f4!, Kf1–g2; 4. h4–h5!!, g6 × h5; 5. h2–h4, Kg2–h3; 6. Kf4–g5!, und Weiß gewinnt.

3. h4–h5	3. Kg1–h1

Weiß hat mehrere Gewinnfortsetzungen, aber die folgende ist die schönste:

4. h5–h6!!	4. g7 × h6
5. h2–h4!	5. Kh1–g1
6. Kg3–f4	6. Kg1–h2
7. Kf4–f5	7. Kh2–h3
8. h4–h5	8. Kh3–h4
9. Kf5–g6!	Weiß gewinnt.

Um zu gewinnen, muss Weiß den schwarzen Bauern schlagen.

1. Spiel (falsch)

1. Kf3–g4?	1. Kg1–f2
2. Kg4–g5	2. Kf2–f3
3. Kg5–g6	3. Kf3 × f4 =

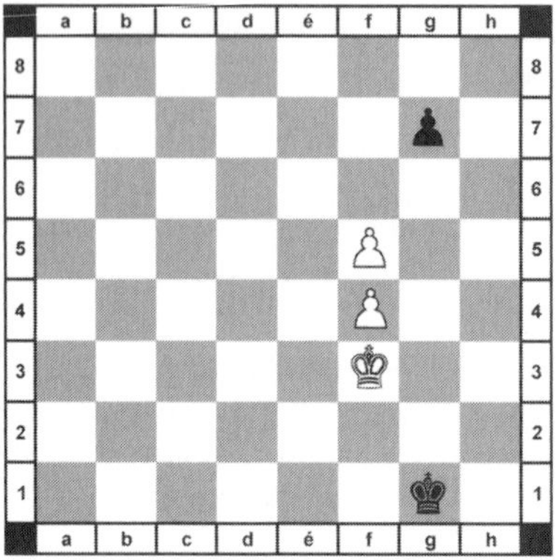

23
Weiß: Kf3, Bf4, f5.
Schwarz: Kg1, Bg7.
Endspiel von
Dr. Kornel Ebersz
(1942).
Weiß am Zug gewinnt.

2. Spiel (richtig)

Statt des übereilten Lossteuerns muss Weiß einen Bauern opfern:

1. f5 – f6!	**1. g7 × f6**

Nun muss Weiß den gegnerischen Bauern unbeweglich machen:

2. f4 – f5!	**2. Kg1 – h2**

Endlich schlägt der weiße König die blockierte Beute:

3. Kf3 – g4	**3. Kh2 – g2**
4. Kg4 – h5	**4. Kg2 – f3**
5. Kh5 – g6	**5. Kf3 – g4**
6. Kg6 × f6	**6. Kg4 – h5**
7. Kf6 – g7!	**7. …**

Und Schwarz muss untätig zuschauen, wie Weiß seinen verbliebenen Bauern in eine Dame verwandelt.

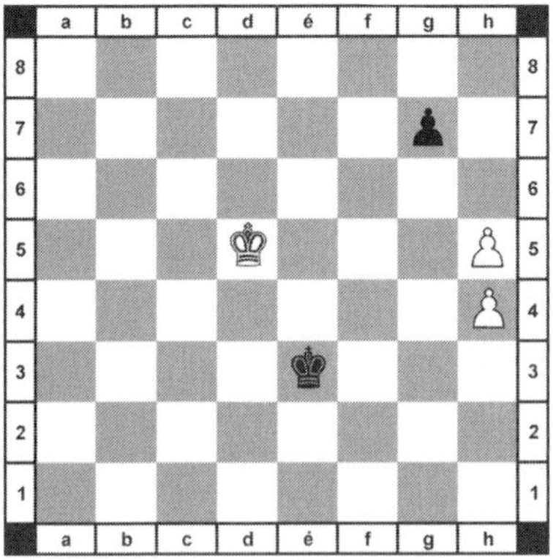

24
Weiß: Kd5, Bh4, h5.
Schwarz: Ké3, Bg7.
Weiß am Zug gewinnt.
Aus einem Endspiel von Selesnjew (1914)

1. Kd5–é5	**1. Ké3–f3**
2. Ké5–f5	**2. Kf3–g3**

Nun würde 3. Kf5–g6?, Kg3 × h4 nur ein mageres Remis ergeben. Weiß hat jedoch eine hübsche Gewinnkombination:

3. h5–h6!!	**3. g7 × h6**

Erzwungen. Schwarz hat keine andere Wahl.

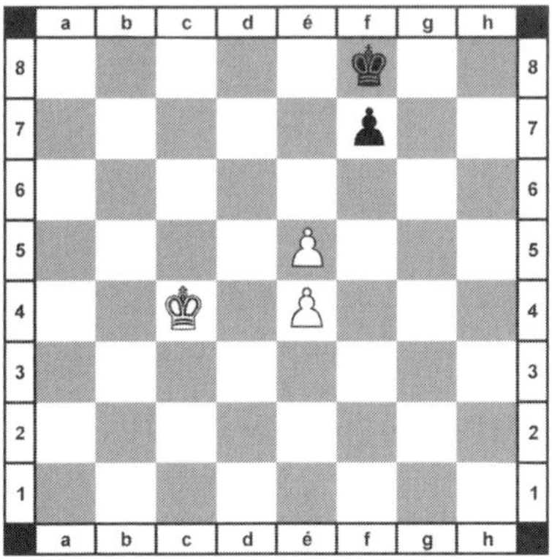

25
Weiß: Kc4, Bé4, é5.
Schwarz: Kf8, Bf7.
Weiß am Zug gewinnt.
Endspiel von J. Crum (1913)

4. h4–h5!	**4. Kg3–h4**
5. Kf5–g6	**5. Kh4–g4**
6. Kg6 × h6	**6. Kg4–f5**
7. Kh6–g7	**Weiß gewinnt.**

Weiß muss einen Bauern opfern, sonst sichert Schwarz mit Kf8–é7! das Remis.

1. é5–é6!!	**1. f7 × é6**

Ungünstig wäre die Ablehnung des Bauernopfers: 1. … Kf8–é7?; 2. é6 × f7, Ké7 × f7; 3. Kc4–d5, Kf7–é7; 4. Kd5–é5!. Die siegreiche Opposition. Ké7–d7; 5. Ké5–f6! (Oder Ké7– f7; 5. Ké5–d6!)
Schwach ist auch die andere Ablehnung: 1. … f7–f6; 2. Kc4–c5, Kf8–é7; 3. Kc5–d5, Ké7–é8; 4. Kd5–d6!, Ké8–d8; 5. é6–é7+, Kd8–é8; 6. Kd6–é6!, f6–f5; 7. Ké6 × f5, Ké8 × é7; 8. Kf5–é5! Opposition, und Weiß gewinnt.

2. é4–é5!	**2. …**

Der schwarze Bauer wird festgelegt und unbeweglich gemacht.

2. …	**2. Kf8–é7**
3. Kc4–c5	**3. Ké7–d7**
4. Kc5–b6!	**4. …**

Der weiße König besetzt den Grenzbereich des schwarzen Bauern und kann diesen erobern:

4. …	**4. Kd7–d8**
5. Kb6–c6	**5. Kd8–é7**
6. Kc6–c7	**6. Ké7–é8**
7. Kc7–d6	**7. Ké8–f7**
8. Kd6–d7!	**8. …**

Der schwarze König gerät dadurch in Zugzwang und muss seinen Bauern im Stich lassen.

8. …	**8. Kf7–f8**
9. Kd7×é6	**9. Kf8–é8**

Selbst die Opposition hilft dem Nachziehenden nicht mehr.

10. Ké6–f6	**10. Ké8–f8**
11. é5–é6	**11. Kf8–é8**
12. é6–é7	**12. Ke8–d7**
13. Kf6–f7	**13. …**

Der Bauer wird unaufhaltbar verwandelt.

4. Der Doppelbauer als Freibauer

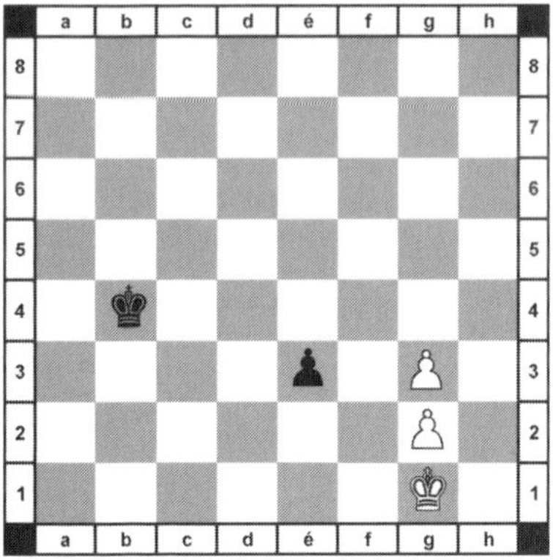

26
Weiß: Kg1, Bg2, g3.
Schwarz: Kb4, Bé3.
Weiß am Zug gewinnt.
Endspiel von Nikolaj D. Grigorjew (1935)

Weiß	Schwarz
1. Kg1–f1	1. Kb4–c3
2. Kf1–é2	2. Kc3–d4
3. g3–g4	3. Kd4–é4

Schwarz droht, mit Ké4–f4 × g4 das Remis zu sichern, aber der hintere weiße Bauer verbietet dem schwarzen König das Feld f4:

Weiß	Schwarz
4. g2–g3!	4. Ké4–d4
5. g4–g5	5. Kd4–é5

Erzwungen. Der schwarze König muss in das Quadrat des vorderen weißen Bauern eintreten, sonst würde dieser das Rennen gewinnen und sich in eine Dame umwandeln.

Weiß	Schwarz
6. g3–g4!	6. …

Jetzt verteidigt der hintere Bauer das Feld f5.

Weiß	Schwarz
6. …	6. Ké5–é6

Nicht Ké5–f4??; 7. g5–g6! und Schwarz ist verloren.

Weiß	Schwarz
7. Ké2 × é3	7. Ké6–f7
8. Ké3–é4	8. Kf7–g6
9. Ké4–f4	9. Kg6–f7
10. Kf4–f5	10. Kf7–g7
11. g5–g6	11. Kg7–g8

Nach dem etwaigen Kg7–h6; 12. g6–g7!! opfert Weiß den Bauern, um nach Kh6 × g7; 13. Kf5–g5 die Opposition einzunehmen und zu gewinnen.

Weiß	Schwarz
12. Kf5–f6	12. Kg8–f8
13. g6–g7+	13. Kf8–g8
14. g4–g5	14. Kg8–h7

Jetzt nicht etwa 15. Kf6–f7?? Patt, sondern:

15. g7–g8(D)+!!	**15. Kh5×Dg8**
16. Kf6–g6	**16. …**

Die entscheidende Opposition. Aber nicht 16. g5–g6??, Kg8–f8 =.

B) Zwei einzelne Bauern gegen einen Bauern

Der bei weitem häufigste Fall ist, dass die beiden Einzelbauern sich zueinander auf dem **übernächsten** Wege befinden. Sie sind also voneinander nur durch einen Weg getrennt.
Es kommen dabei die folgenden Möglichkeiten vor:
1) beide Bauern sind Freibauern,
2) ein Bauer ist blockiert,
3) es gibt keinen Freibauern.

1. Wettrennen der Freibauern

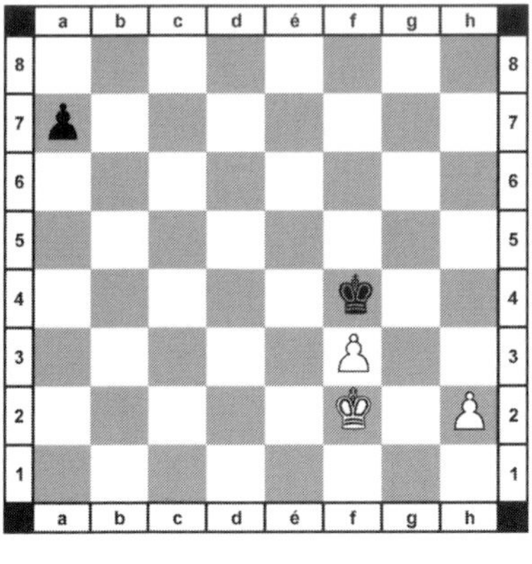

27
Weiß: Kf2, Bf3, h2.
Schwarz: Kf4, Ba7.
Weiß am Zug gewinnt.
Endspiel von Johann Berger (1921)

1. h2–h4!	**1. …**

Verbietet dem schwarzen König das Feld g5.

1. …	**1. a7–a5** (Diagr. 28)
2. Kf2–é2	**2. …**

Der König ist ins Quadrat des schwarzen Bauern getreten.

2. …	**2. a5–a4**
3. Ké2–d2!	**3. …**

Der weiße Bauer f3 ist indirekt gedeckt. Nach 3. … Kf4 × f3??, 4. h4–h5! kann der Bauer h5 nicht mehr eingeholt werden.

3. …	**3. a4–a3**

Vergebliche Mühe. Der weiße König kann in das Quadrat des schwarzen Bauern eintreten und den Bauern erobern.

4. Kd2–c2	**4. Kf4–f5**

Der schwarze König versucht, den vorderen Bauern von vorne anzugreifen. Nicht Kf4 × f3??; 5. h4–h5!

5. Kc2–b3	**5. Kf5–g6**
6. f3–f4!	**6. Kg6–h5**
7. f4–f5!!	**7. Kh5–h6**

Auch jetzt dürfte Schwarz den feindlichen Bauern nicht schlagen, weil der verbliebene Bauer unhaltbar zur Dame werden würde.

8. Kb3 × a3	**8. Kh6–g7**

um den f-Bauern von vorne anzugreifen.

9. h4–h5!	**9. …**

Die Selbstverteidigung der Bauern.

9. …	**9. Kg7–f6**
10. h5–h6!!	**10. …**

Wiederholung des neckischen Spiels. Der weiße Herrscher eilt zur Hilfe und setzt die Umwandlung eines Bauern durch.

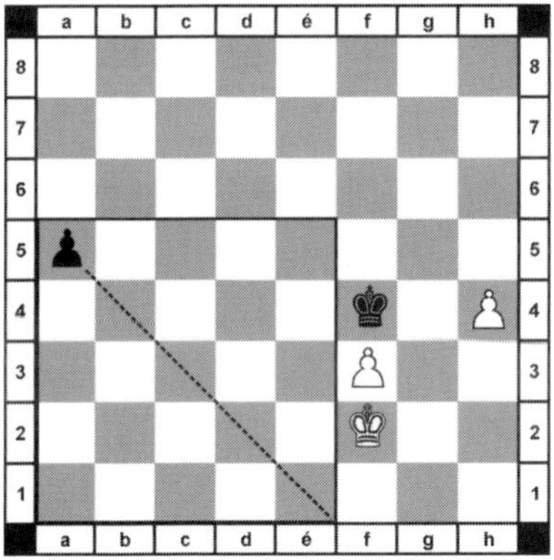

28
Nach dem 1. Zug von Schwarz

2. Der schwarze Bauer blockiert einen Feind

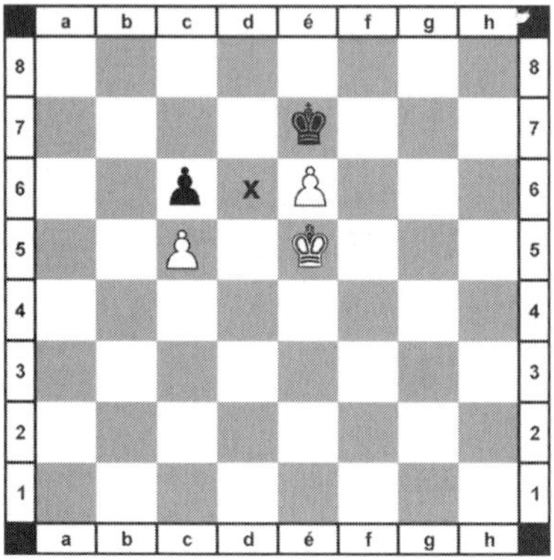

29
Weiß: Ké5, Bé6, c5.
Schwarz: Ké7, Bc6.
Endspiel von J. Kling und B. Horwitz (1851).
Weiß am Zug gewinnt.

Hier geht es um den Besitz des angekreuzten Schlüsselfeldes d6. Wäre Schwarz am Zug, dann müsste sein König mit jedem Zug das kritische Feld d6 dem Gegner überlassen und schnell verlieren.
Jetzt ist aber Weiß am Zug. Seine Aufgabe ist also, durch Tempozüge die Diagrammstellung mit Schwarz am Zug zu erreichen.

1. Ké5–f5! **1. Ké7–é8!**

Sofort verlöre 1. … Ké7–f8?(d8?), 2. Kf5–f6! Opposition, Kf8–é8; 3. é6–é7, Ké8–d7; 4. Kf6–f7! usw.
Falsch wäre nach dem Textzug 2. Kf5–f6?, Ké8–f8!, und Schwarz hat die Opposition. 3. é6–é7+, Kf8–é8 =.
Weiß hat aber zwei gute Fortsetzungen:

1. Spiel

2. Kf5–é4!	**2. …**

Raffiniert gespielt. Mit dem Textzug hat Weiß die Fernopposition erreicht (zwischen den zwei Königen sind drei Felder vorhanden). Falls nun Ké8–é7??, dann gewinnt Weiß mit 3. Ké4–é5! die Nahopposition.

2. …	**2. Ké8–d8(f8)**
3. Ké4–f4	**3. Kd8–é8**
4. Kf4–f5	**4. Ké8–é7**

Erzwungen, um Kf5–f6 zu verhindern.

5. Kf5–é5	**5. …**

Weiß hat durch Dreiecksnutzung (Ké4–f4–f5) absichtlich ein Tempo verloren und erreicht, dass in der Diagrammstellung Schwarz am Zug ist.

2. Spiel

2. é6–é7!!	**2. Ké8 × é7**

Schwarz muss das Bauernopfer annehmen, da nach etwa Ké8–d7; 3. é7–é8(D)+!!, Kd7 × Dé8; 4. Kf5–é6 (Opposition) folgen würde.

3. Kf5–é5	**3. Ké7–d7**
4. Ké5–f6	**4. …**

Weiß hat den Grenzbereich des schwarzen Bauern betreten und somit dessen Eroberung vorbereitet.

4. …	4. Kd7–d8
5. Kf6–é6	5. Kd8–c7
6. Ké6–é7	6. Kc7–c8
7. Ké7–d6	7. Kc8–b7
8. Kd6–d7!	8. Kb7–a8(a6, b8)
9. Kd7 × c6	und gewinnt.

3. Eroberung des Blockadebauern

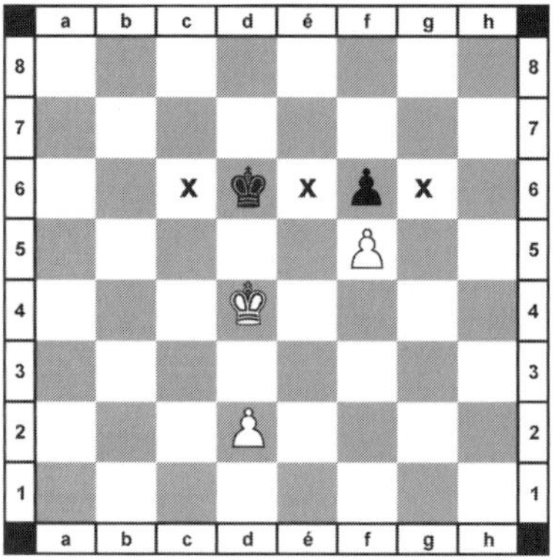

30
Weiß: Kd4, Bd2, f5.
Schwarz: Kd6, Bf6.
Endspiel von
Johann Berger (1921)

1. d2–d3!	1. Kd6–c6

Erzwungen. Schwarz hat nichts Besseres.

2. Kd4–c4	2. Kc6–d6
3. d3–d4	3. Kd6–c6
4. d4–d5+	4. Kc6–d6
5. Kc4–d4!	5. Kd6–d7
6. Kd4–c5	6. Kd7–c7
7. d5–d6+	7. Kc7–d7
8. Kc5–d5	8. Kd7–d8

Nach Kd7–é8 gewinnt Weiß mit 9. Kd5–é6 die Opposition (Ké8–d8; 10. d6–d7, Kd8–c7; 11. Ké6–é7 nebst Umwandlung des Bauern).

9. Kd5–é6	**9. Kd8–é8(c8)**
10. Ké6×f6	**10. Ké8–d7**
11. Kf6–g7	**11. …**

Und Schwarz kann die Umwandlung des f-Bauern nicht vereiteln.

4. Kein Freibauer

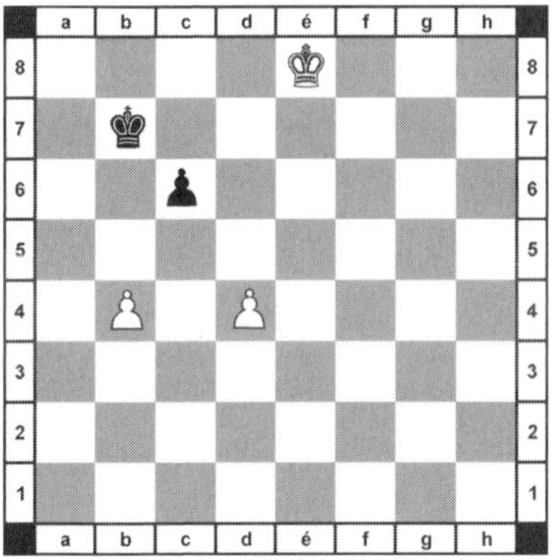

31
Weiß: Ké8, Bb4, d4.
Schwarz: Kb7, Bc6.
Weiß am Zug gewinnt.
Endspiel von
Dr. H. Neustadt (1920)

1. Ké8–d7	**1. Kb7–b6**
2. Kd7–c8!	**2. …**

Der weiße König spielt aus dem Hinterhalt.

2. …	**2. Kb6–a6**
3. Kc8–c7	**3. Ka6–b5**
4. Kc7–b7!	**4. …**

Der Gewinnzug. Weiß hat die Opposition. Schwarz ist im Zugzwang und muss den Bauerntausch in Kauf nehmen.

4. …	**4. Kb5 × b4**
5. Kb7 × c6	**5. Kb4–c4**
6. d4–d5	**6. …**

Weiß gewinnt, weil Schwarz die Umwandlung nicht verhindern kann.

5. Geistreicher Tempogewinn

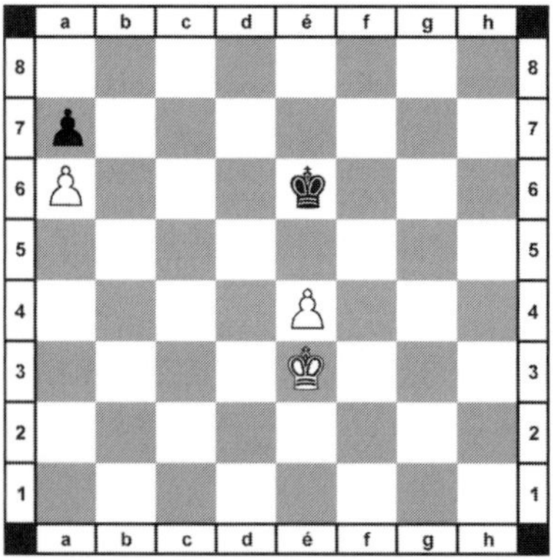

32
Weiß: Ké3, Bé4, a6.
Schwarz: Ké6, Ba7.
Weiß am Zug gewinnt.
Schluss eines Endspiels von J. Crum (1913)

1. Ké3–d4	**1. Ké6–d6**
2. é4–é5+	**2. Kd6–é6**
3. Kd4–é4	**3. Ké6–é7**
4. Ké4–d5	**4. Ké7–d7**
5. é5–é6+	**5. Kd7–é7**
6. Kd5–é5	**6. …**

Die verführerische Bauernjagd 6. Kd5–c6? wäre verfrüht, weil Schwarz den Bauern ohne Zeitverlust schlägt. Es könnte folgen: 6. … Ké7×é6; 7. Kc6–b7, Ké7–d7; 8. Kb7×a7, Kd7–c7; 9. Ka7–a8, Kc7–c8! und Weiß kann seinen König nicht befreien.

6. …	**6. Ké7–é8**
7. Ké5–d6	**7. Ké8–d8**
8. Kd6–c6!	**8. …**

Jetzt braucht Schwarz zwei Züge, um den Bauern zu schlagen.

8. …	**8. Kd8–é7**

Statt des Textzuges wäre Kd8–c8?? ein wahrhafter Selbstmord, wegen 9. é6–é7! und Matt im folgenden Zug.

9. Kc6–b7	**9. Ké7×é6**
10. Kb7×a7	**10. Ké6–d7**
11. Ka7–b7	**Weiß gewinnt.**

6. Ein einfacher Trick

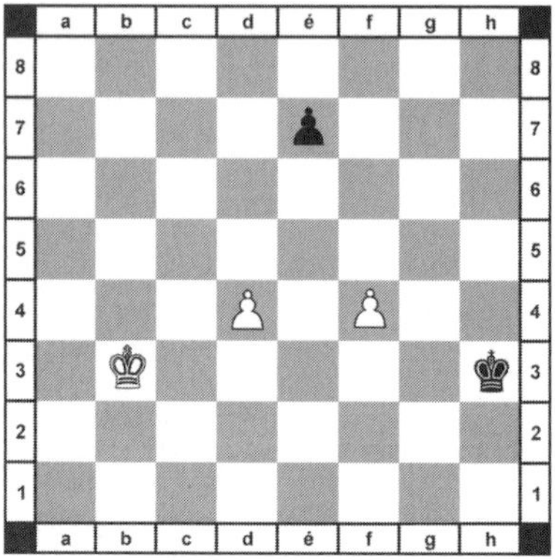

33
Weiß: Kb3, Bd4, f4.
Schwarz: Kh3, Bé7.
Weiß am Zug gewinnt.
Endspiel von Vitaly Halberstadt (1935)

1. f4–f5!	1. Kh3–g4
2. f5–f6!!	2. …

Weiß opfert einen Bauern, um die Verwandlung des zweiten Bauern zu ermöglichen.

2. …	2. é7×f6
3. d4–d5	3. Kg4–f5
4. Kb3–c4	4. Kf5–é5
5. Kc4–c5	Weiß gewinnt.

Noch einfacher ist der Kniff, falls wir den schwarzen Bauern nach é6 schieben (statt auf é7):

1. d4–d5!!	1. é6×d5
2. f4–f5	und gewinnt.

7. Eile mit Weile

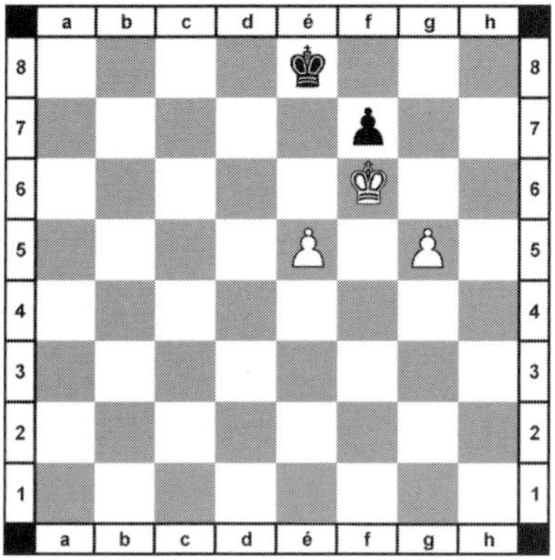

34
Weiß: Kf6, Bé5, g5.
Schwarz: Ké8, Bf7.
Weiß am Zug gewinnt.

Es ist ja klar, dass Weiß durch Aufopferung seines Königsbauern den anderen Bauern umwandeln kann. Aber das Opfer muss sorgfältig vorbereitet werden.

1. Spiel (falsch)

1. é5–é6?	**1. Ké8–f8!**

Falls nun 2. g5–g6?, dann f7×é6; 3. Kf6×é6, Kf8–g7 nebst Remis.

2. é6–é7+	**2. Kf8–é8**
3. Kf6–g7	**3. Ké8×é7**
4. Kg7–g8	**4. Ké7–é6 =**

2. Spiel (richtig)

1. Kf6–g7!	1. Ké8–é7
2. Kg7–g8	2. Ké7–é8

Oder Ké7–é6; 3. Kg8–f8!, Ké6 × é5; 4. Kf8 × f7 mit leichtem Gewinn.

3. é5–é6!	3. f7 × é6
4. g5–g6	4. é6–é5
5. Kg8–h7	5. é5–é4
6. g6–g7	6. é4–é3
7. g7–g8 (D)+	7. Ké8–é7
8. Dg8–g5+!	8. …

Weiß gewinnt mit 9. Dg5 × é3.

8. Die Dreiecksnutzung

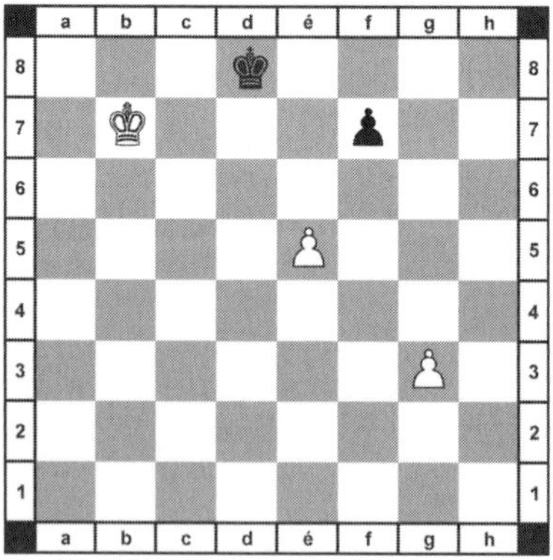

35
Weiß: Kb7, Bé5, g3.
Schwarz: Kd8, Bf7.
Weiß am Zug gewinnt.
Endspiel von Nikolaj D. Grigorjew (1936)

1. Kb7–c6	**1. Kd8–é7**
2. Kc6–d5!	**2. …**

Der erste Schritt. Weiß verhindert f7–f6, wonach folgt 3. é5–é6, Ké7–é8 (auf f6–f5? würde 4. Kd5–é5! den Bauern erobern); 4. Kd5–d6, Ké8–d8; 5. é6–é7+, Kd8–é8; 6. g3–g4!, Ké8–f7; 7. Kd6–d7 und Weiß gewinnt.

2. …	**2. Ké7–d7**
3. Kd5–d4!	**3. …**

Nicht sofort 3. Kd5–é4?, weil nach Kd7–é6!; 4. Ké4–f4, f7–f6!, 5. é5×f6, Ké6×f6; 6. Kf4–g4, Kf6–g6, und Schwarz hat die Opposition mit Remisschluss.
Der Textzug leitet eine Dreieckbewegung des weißen Königs ein, um erst dann das Feld é4 zu besetzen, wenn der schwarze König auf d6 zieht.

3. …	**3. Kd7–é7**
4. Kd4–é3	**4. Ké7–d7**
5. Ké3–f4!	**5. …**

Droht, nach f5 einzudringen, und erzwingt

5. …	**5. Kd7–é6**
6. Kf4–é4	**6. …**

Diese Stellung hat Weiß angestrebt. Sein König auf é4, der schwarze auf é6, mit Schwarz am Zug.

6. …	**6. Ké6–d7**

Stattdessen würde f7–f6? verlieren: 7. é5×f6, Ké6×f6; 8. Ké4–f4, Kf6–g6; 9. Kf4–g4. Weiß hat die Opposition. Kg6–f6; 10. Kg4–h5! und gewinnt.

7. Ké4–f5	**7. Kd7–é7**
8. g3–g4	**8. Ké7–é8!**
9. Kf5–f6!	**9. ...**

Nicht jedoch der gut aussehende 9. é5–é6?, Ké8–é7!; 10. é6×f7, Ké7×f7; 11. Kf5–g5, Kf7–g7, und Schwarz hat die Opposition mit Remis.

9. ...	**9. Ké8–f8**
10. g4–g5	**10. ...**

Auch hier wäre 10. é5–é6? übereilt: f7×é6; 11. Kf5×é6, Kf8–g7; 12. Ké6–f5, Kg7–f7 mit Remisstellung.

10. ...	**10. Kf8–é8**

Nicht Kf8–g8?; 11. Kf6–é7! und gewinnt: (nicht 11. g5–g6?, Kg8–f8! =).

11. Kf6–g7!	**11. ...**

Die letzte Gewinnmöglichkeit für Weiß. Falls 11. é5–é6?, Ké8–f8!; 12. é6–é7+, Kf8–é8, und Weiß muss sich mit Remis begnügen.

11. ...	**11. Ké8–é7**
12. Kg7–g8	**12. Ké7–é8**

Nicht Ké7–é6?; 13. Kg8–f8; Ké6×é5; 14. Kg8×f7, und Weiß gewinnt.

13. é5–é6!!	**13. ...**

Die Pointe der Königswanderung von b7 bis g8.

13. ...	**13. f7×é6**
14. g5–g6	**14. é6–é5**

15. g6–g7	**15. é5–é4**
16. Kg8–h7	**16. é4–é3**
17. g7–g8(D)+	**Weiß gewinnt.**

9. Entfernte Einzelbauern

Leichter ist der Gewinn, wenn die beiden Einzelbauern voneinander entfernt sind.

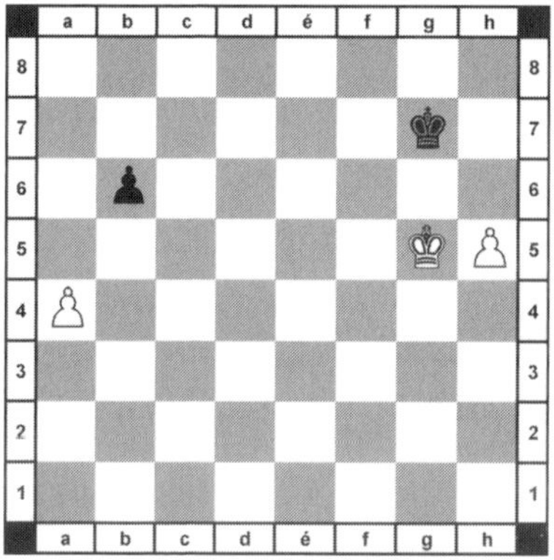

36
Weiß: Kg5, Bh5, a4.
Schwarz: Kg7, Bb6.
Weiß am Zug gewinnt.

Der einfachste Gewinnweg besteht darin, dass Weiß seinen Turmbauern opfert, um mit dem König den schwarzen Bauern zu liquidieren.
Nebst dieser banalen Lösung steht jedoch dem Anziehenden eine hübsche Wendung zur Verfügung:

1. h5–h6+	**1. Kg7–h7**
2. Kg5–h5	**2. Kh7–h8**
3. Kh5–g6	**3. Kh8–g8**

4. h6–h7+	**4. Kg8–h8**
5. Kg6–h6	**5. …**

Nun ist der schwarze König patt gestellt. Schwarz muss also den Bauern ziehen.

5. …	**5. b6–b5**

Falls Weiß den Bauern schlägt, dann ist Schwarz patt.

6. a4–a5!	**6. b5–b4**
7. a5–a6	**7. b4–b3**
8. a6–a7	**8. b3–b2**
9. a7–a8(T)#	

10. Tempoverlust durch Schlagen

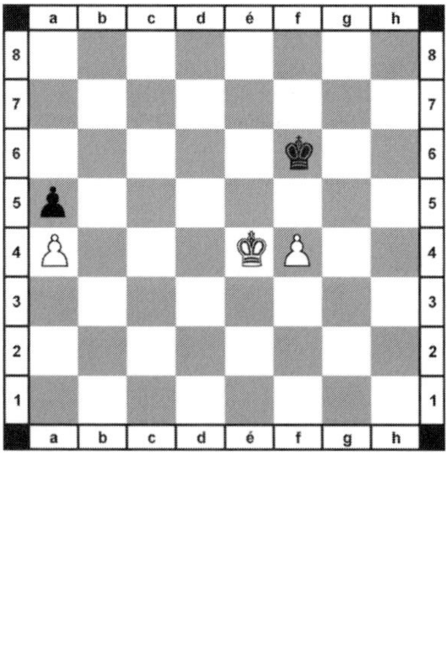

37
Weiß: Ké4, Ba4, f4.
Schwarz: Kf6, Ba5.
Weiß am Zug gewinnt.

Offensichtlich ist, dass Weiß seinen Freibauern nicht in eine Dame verwandeln kann. Er opfert ihn deshalb. Schwarz muss nämlich zwei Züge auf das Schlagen des Bauern verwenden. Das genügt dem Anziehenden, um am Damenflügel entscheidend einzugreifen.

1. Ké4–d5!	**1. Kf6–f5**
2. Kd5–c5	**2. Kf5 × f4**
3. Kc5–b5	**3. Kf4–é5**
4. Kb5 × a5	**4. Ké5–d6**

Ein Versuch, das Eckfeld zu erreichen und so die Umwandlung des weißen Bauern zu vereiteln.

5. Ka5–b6	**5. Kd6–d7**
6. Kb6–b7!	**6. …**

Danach ist der schwarze König vom a-Weg ausgesperrt, und der Bauer hat freie Bahn.

6. …	**6. Kd7–d8**
7. a4–a5	**Weiß gewinnt.**

C) Zwei verbundene Bauern gegen einen Bauern

1. Der gedeckte Freibauer

a) Opferwendung nach Giambattista Lolli (1763)

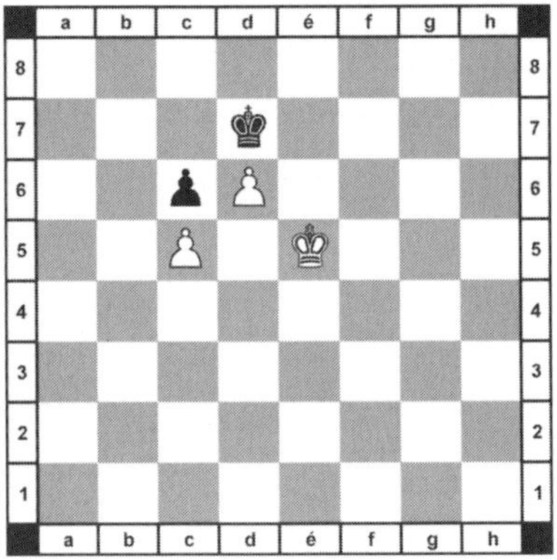

38
Weiß: Ké5, Bd6, c5.
Schwarz: Kd7, Bc6.
Weiß gewinnt.

Der Freibauer d6 ist gedeckt durch den weißen Bauern c5, der mit dem schwarzen Bauern blockiert ist. Ist der Freibauer bereits in die 6. Reihe vorgedrungen (wie in unserem Beispiel), dann ist eine Opferkombination möglich:

1. Ké5–f6 **1. Kd7–d8!**

Nicht Kd7–é8??; 2. Kf6–é6! Opposition. 2. … Ké8–d8; 3. d6–d7, Kd8–c7; 4. Ké6–é7, und der Bauer wird zur Dame.

2. d6–d7!!	**2. …**

Weiß opfert den Bauern, um den gegnerischen Bauern mit Gewinnstellung zurückzubekommen.

2. …	**2. Kd8 × d7**

Schwarz muss das Opfer annehmen, da Kd8–c7??; 3. Kf6–é7 sofort verliert. – Der weiße König steht im Grenzbereich des schwarzen Bauern und kann diesen erobern:

3. Kf6–f7!	**3. Kd7–d8**
4. Kf7–é6!	**4. …**

Der schwarze König ist machtlos:

4. …	**4. Kd8–c7**
5. Ké6–é7	**5. Kc7–c8**
6. Ké7–d6	**6. Kc8–b7**
7. Kd6–d7	**7. ~**
8. Kd7 × c6	**8. …**

Und Weiß wandelt seinen Bauern um.
Das Bauernopfer ist auch mit Schwarz am Zug möglich: 1. … Kd7–d8; 2. d6–d7!! usw. wie oben.

b) Eroberung des einsamen Bauern

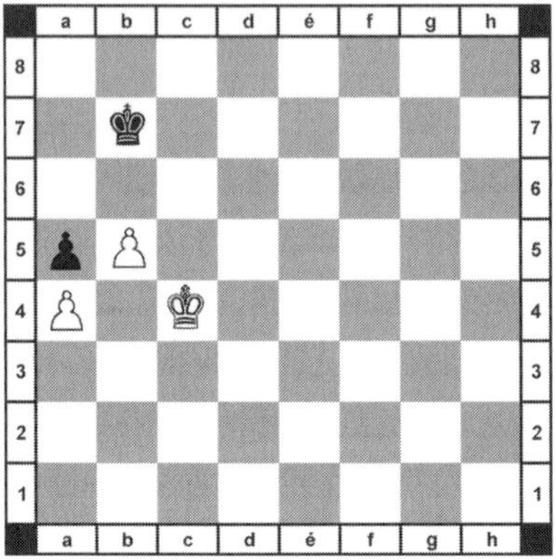

39
Weiß: Kc4, Ba4, b5.
Schwarz: Kb7, Ba5.
Weiß am Zug gewinnt.

1. Kc4–d5!	**1. ...**

Weiß nahm die schräge Opposition ein.

1. ...	**1. Kb7–b6**
2. Kd5–d6	**Seitenopposition**
2. ...	**2. Kb6–b7**
3. Kd6–c5	**3. Kb7–c7**

Nur erobert Weiß den feindlichen Bauern durch ein geistreiches Manöver:

4. b5–b6+!	**4. Kc7–b7**
5. Kc5–b5	

und Weiß gewinnt leicht nach 6. Kb5 × a5.

c) Zwei Gewinnstellungen

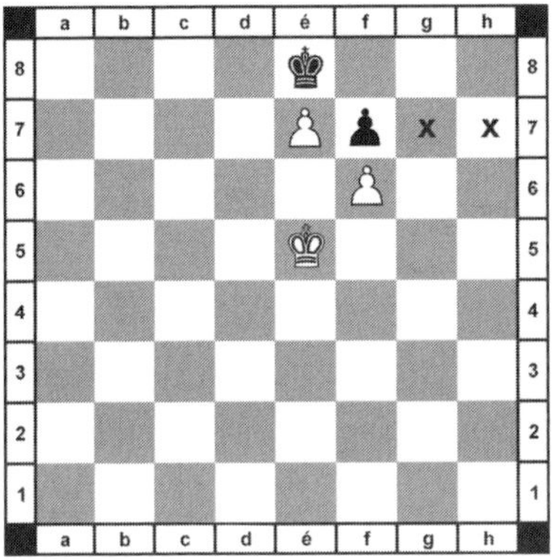

40
Weiß: Ké5, Bf6, é7.
Schwarz: Ké8, Bf7.
Weiß gewinnt.

Schwarz kann nur zwischen é8 und d7 pendeln und untätig warten, wie Weiß den Bauern f7 nimmt.

1. Ké5–f5	**1. Ké8–d7**
2. Kf5–g5	**2. Kd7–é8**
3. Kg5–h6	**3. Ké8–d7**
4. Kh6–g7	**4. Kd7–é8**
5. Kg7–g8	**5. Ké8–d7**
6. Kg8×f7	**und es ist so weit.**

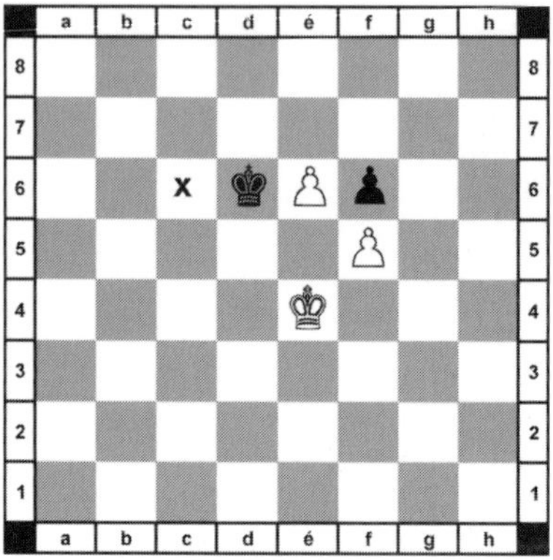

41
Weiß: Ké4, Bf5, é6.
Schwarz: Kd6, Bf6.
Weiß am Zug gewinnt.

Das ist die zweite Gewinnfortsetzung, die in einem Bauernopfer gipfelt.

1. Ké4–d4!	**1. Kd6–é7**
2. Kd4–c4	**2. Ké7–d6**
3. é6–é7!!	**3. Kd6 × é7**
4. Kc4–c5	**4. Ké7–d7**
5. Kc5–d5!	**Opposition**
5. …	**5. Kd7–é7**
6. Kd5–c6!	**6. …**

Weiß besetzt damit den Grenzbereich des schwarzen Bauern, erobert ihn und gewinnt.

d) Eine Remisstellung

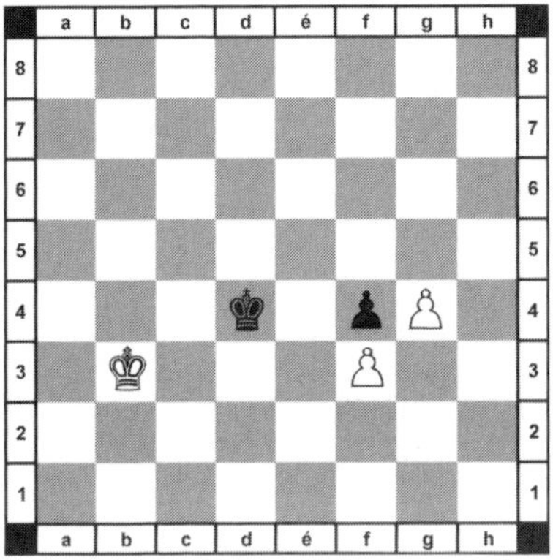

42
Weiß: Kb3, Bf3, g4.
Schwarz: Kd4, Bf4.
Schwarz am Zug hält Remis.

1. Spiel (richtig)

1. ...	**1. Kd4–d5!**

Der richtige Zug. Verlieren würde Kd4–é3? (Siehe 2. Spiel.)

2. Kb3–b4	**2. Kd5–d4!**

Die Seitenopposition.

3. Kb4–b5	**3. Kd4–é3!**

Lässt die Umwandlung des weißen Freibauern zu.

4. g4–g5	**4. Ké3 × f3**
5. g5–g6	**5. Kf3–é2**
6. g6–g7	**6. f4–f3**
7. g7–g8(D)	**7. f3–f2 =**

Eine bekannte Remisstellung. Der schwarze Bauer ist Läuferbauer.

2. Spiel (falsch)

1. …	**1. Kd4–é3?**
2. g4–g5	**2. Ké3×f3**
3. g5–g6	**3. Kf3–é2**
4. g6–g7	**4. f4–f3**
5. g7–g8(D)	**5. f3–f2**
6. Dg8–g2!	**6. …**

Eine Fesselung zur rechten Zeit.

6. …	**7. Ké2–é1**
6. Kb3–c3!!	**7. …**

Gestattet die Umwandlung des schwarzen Bauern und stellt zugleich eine raffinierte Mattfalle auf:

7. …	**7. f2–f1(D)**
8. Dg2–d2#	

e) Die rettende Opposition

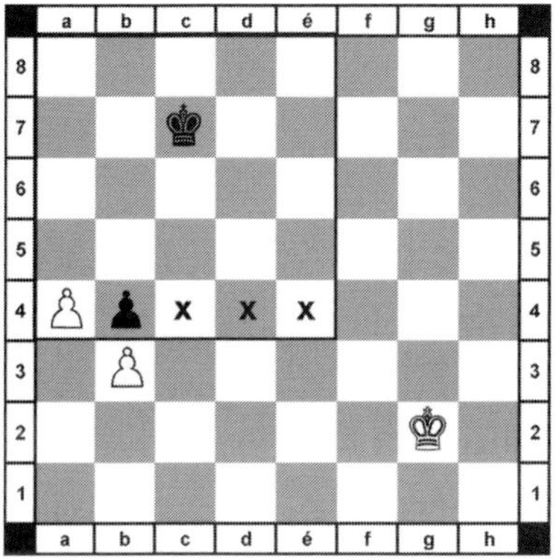

43
Weiß: Kg2, Ba4, b3.
Schwarz: Kc7, Bb4.
Endspiel von Nikolaj D. Grigorjew (1922).
Weiß am Zug gewinnt.
Schwarz am Zug macht Remis.

Weiß besetzt den Grenzbereich des schwarzen Bauern:

1. Kg2–f3!	**1. Kc7–d6(c6)**
2. Kf3–é4	**2. …**

Weiß kann den schwarzen Bauern schlagen und gewinnt leicht mit seinen zwei Bauern gegen den blanken König: 2. … Kd6–c5; 3. Ké4–é5, Kc5–b6; 4. Ké5–d5, Kb6–a6; 5. Kd5–c4, Ka6–a5; 6. Kc4–c5, Ka5–a6; 7. Kc5 × b4 usw.

Schwarz am Zug:

1. Spiel (falsch)

	1. …	**1. Kc7–c6?**

Verliert schnell. Richtig ist Kc7–d6!. (Siehe das 2. Spiel.)

	2. Kg2–g3!	**2. Kc6–c5**

Oder Kc6–d6; 3. Kg3–f4!, Kc5–d5; 4. Kf4–f5. Opposition gewinnt.

	3. Kg3–g4!	**3. Kc5–c6**
	4. Kg4–f4!	**4. Kc6–d5**
	5. Kf4–f5!	**Weiß gewinnt.**

2. Spiel (richtig)

	1. …	**1. Kc7–d6!**
a)	**2. Kg2–g3**	**2. Kd6–é5!**

Die rettende schräge Opposition.

	3. Kg3–f3	**3. Ké5–d5!**
	4. Kf3–f4	**4. Kd5–d4!**
	5. Kf4–f5	**5. Kd4–d5! =**

Durch ständige Seitenopposition verteidigt Schwarz das Einbruchsfeld é4 (Grenzbereich des schwarzen Bauern).

b)	**2. Kg2–h3**	**2. Kd6–d5!**
	3. Kh3–h4	**3. Kd5–d4!**

Wieder die wirksame Fernopposition.

4. Kh4–g4	**4. Kd4–é4!**
5. Kg4–h5	**5. Ké4–d5!**
6. Kh5–h6	**6. Kd5–d6!**
7. Kh6–g6	**7. Kd6–é6! =**

Zieht Weiß in die 3. Reihe, dann muss Schwarz sehr genau spielen und den Grenzbereich seines Bauern verteidigen. Geht der weiße König nach é3 (g3), zieht Schwarz Ké5!. Auf Kd3 (Kf3, Kh3) heißt der einzig richtige Zug für Schwarz: Kd5!

2. Festgelegte Bauern ohne Freibauern

a) Angriff von hinten

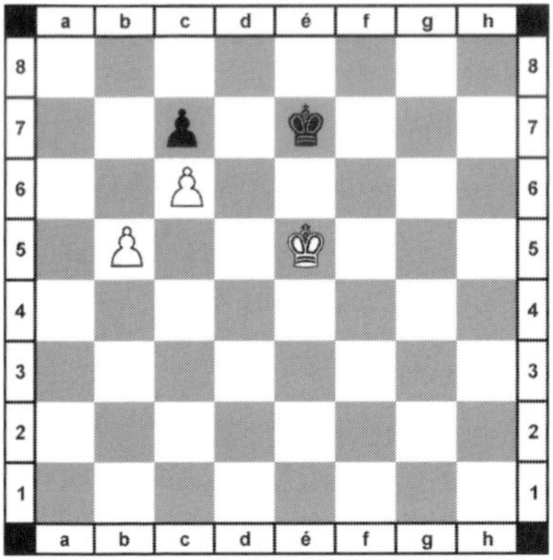

44
Weiß: Ké5, Bb5, c6.
Schwarz: Ké7, Bc7.
Weiß am Zug gewinnt.

1. Spiel (falsch)

1. Ké5–f5?	**1. …**

Verliert schnell. Notwendig ist 1. Ké5–d5!. (Siehe 2. Spiel.)

1. …	**1. Ké7–d6!**
2. Kf5–f6	**2. Kd6–c5**
3. Kf6–é6	**3. Kc5 × b5**
4. Ké6–d5	**4. Kb5–b6!**

Weiß verliert auch den zweiten Bauern.

2. Spiel (richtig)

1. Ké5–d5!	**1. Ké7–d8**

Der König muss in der Nähe seines Bauern bleiben. Denn nach etwa Ké8–f7?? gewinnt Weiß sofort mit 2. b5–b6!!.

2. Kd5–é6	**2. Kd8–c8**

Falls Kd8–é8?; 3. b5–b6!, dann
a) c7 × b6; 4. c6–c7 und Weiß gewinnt,
b) 3. … Ké8–d8; 4. b6–b7, Kd8–é8; 5. b7–b8(T)#.

3. Ké6–é7	**3. Kc8–b8**
4. Ké7–d8	**4. Kb8–a7**
5. Kd8 × c7	**5. Ka7–a8**

Jetzt nicht 6. b5–b6?? Patt, sondern:

6. Kc7–d8	**nebst**
7. c6–c7–c8 (D)	**gewinnt leicht.**

b) Ein einfaches Mattspiel

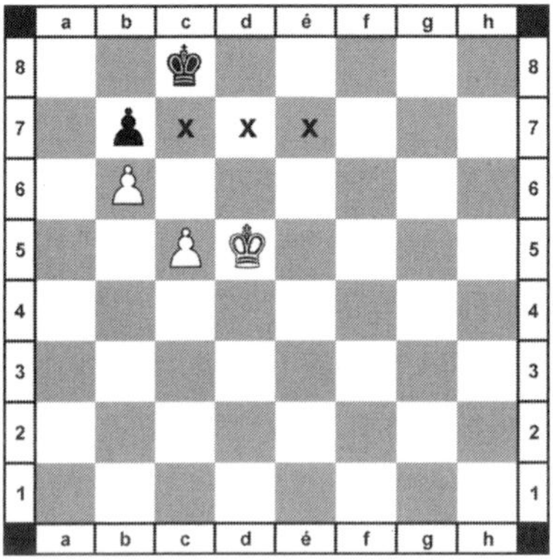

45
Weiß: Kd5, Bc5, b6.
Schwarz: Kc8, Bb7.

Der Anziehende beabsichtigt, den schwarzen König in die Ecke zu treiben, einen Bauern zu opfern und den zweiten umzuwandeln.

1. **Kd5–d6**	1. **Kc8–d8**
2. **Kd6–é6**	2. …

1. Spiel

2. …	2. **Kd8–é8?**
3. **c5–c6!!**	3. …

Wenn 3. … b7 × c6, so 4. b6–b7.

3. …	3. **Ké8–d8**
4. **c6 × b7**	4. **Kd8–é8**
5. **b7–b8(T)#**	

2. Spiel

2. …	2. Kd8–c8
3. Ké6–é7	3. Kc8–b8
4. Ké7–d7	4. Kb8–a8

Jetzt aber nicht 5. Kd7–c7(c8)?? Patt.

5. c5–c6	5. b7 × c6
6. Kd7–c7	6. c6–c5
7. b6–b7+	7. Ka8–a7
8. b7–b8(D)+	8. Ka7–a6
9. Db8–b6#	

c) Grausames Katz-und-Maus-Spiel

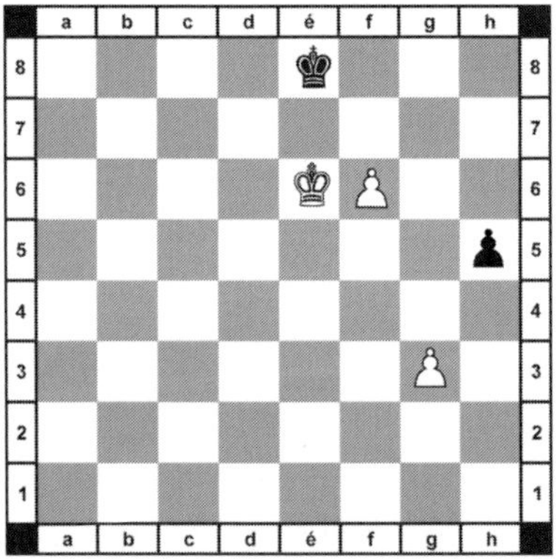

46
Weiß: Ké6, Bf6, g3.
Schwarz: Ké8, Bh5.
Weiß am Zug gewinnt.

Am einfachsten gewinnt Weiß, falls er den ungedeckten schwarzen Bauern liquidiert:

1. Spiel

1. Ké6 – f5	**1. Ké8 – f8!**
2. Kf5 – g5	**2. Kf8 – f7**

Oder Kf8 – g8?; 3. Kg5 – g6!, Kg8 – f8; 4. f6 – f7, Kf8 – é7; 5. Kg6 – g7 nebst baldigem Gewinn.

3. Kg5 × h5	**3. Kf7 × f6**
4. g3 – g4	**4. …**

Nebst schnellem Gewinn.

2. Spiel

1. f6 – f7+!	**1. Ké8 – f8**
2. Ké6 – f6!	**2. …**

Schwarz muss den Bauern ziehen, da sein König patt gestellt ist.

2. …	**2. h5 – h4**
3. g3 – g4!	**3. …**

Nicht etwa 3. g3 × h4?? Patt.

3. …	**3. h4 – h3**
4. g4 – g5	**4. h3 – h2**
5. g5 – g6	**5. h2 – h1(D)**
6. g6 – g7#	

d) Ein einfacher Kniff

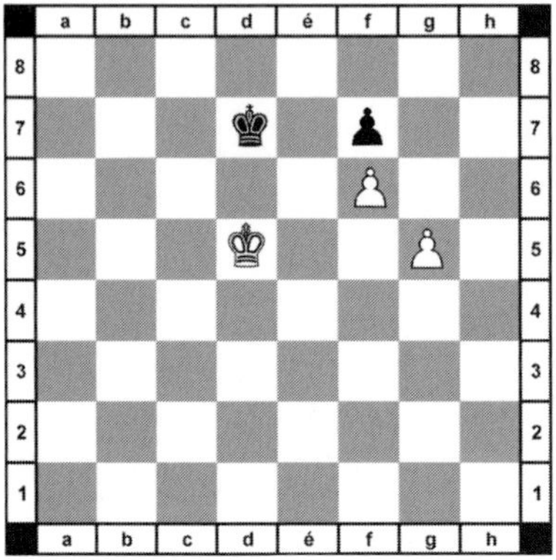

47
Weiß: Kd5, Bf6, g5.
Schwarz: Kd7, Bf7.
Weiß gewinnt.

1. Kd5–é5!	**1. Kd7–é8**

Erzwungen, da der weiße Bauer das Oppositionsfeld verbietet.

2. Ké5–d6	**2. Ké8–d8**

Oder Ké8–f8; 3. Kd6–d7!. Der weiße König im Grenzbereich kann den schwarzen Bauern erobern: Kf8–g8; 3. Kd7–é7(é8), nebst 4. Ké7 × f7, und Weiß gewinnt.

3. g5–g6!!	**3. …**

Nach Kd8–é8 würde nun 4. g6–g7 gewinnen.

3. …	**3. f7 × g6**
4. f6–f7	**Weiß gewinnt.**

e) Eine lehrreiche Studie

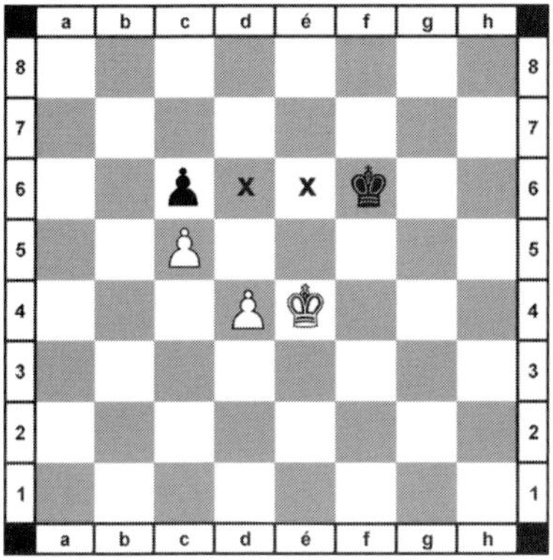

48
Weiß: Ké4, Bd4, c5.
Schwarz: Kf6, Bc6.
Aus einem Endspiel von André Chéron (1952).
Weiß gewinnt.

1. d4–d5!!	1. …

Die Annahme des Tauschangebots verliert schnell: c6 × d5+??; 2. Ké4 × d5, Kf6–é7; 3. Kd5–c6, Ké7–d8; 4. Kc6–b7, und die Bahn zur Bauernumwandlung steht frei.

1. …	**1. Kf6–é7**
2. d5–d6+!	2. …

Der Abtausch 2. d5 × c6? ergibt nur ein Remis: Ké7–d8!; 3. Ké4–é5, Kd8–c7; 4. Ké5–d5, Kc7–c8; 5. Kd5–d6, Kc8–d8 =.

2. …	**2. Ké7–d7**
3. Ké4–é5	**3. Kd7–d8**
4. d6–d7!!	4. …

Lollis Bauernopfer.

4. …	**4. Kd8 × d7**

Die Ablehnung des Opfers verliert noch schneller: Kd8 – é7; 5. d7 – d8(D)+!!, Ké7 × Dd8; 6. Ké5 – d6?, Kd8 – c8; 7. Kd6 × c6 usw.

5. Ké5 – f6	**5. …**

Besetzt den Grenzbereich des schwarzen Bauern und erobert ihn:

5. …	**5. Kd7 – d8**
6. Kf6 – é6	**6. Kd8 – c7**
7. Ké6 – é7	**7. Kc7 – c8**
8. Ké7 – d6	**8. Kc8 – b7**
9. Kd6 – d7	**9. Kb7 – b8**
10. Kd7 × c6	**10. Kb8 – c8**
11. Kc6 – d6	**11. Kc8 – d8**
12. c5 – c6	**12. Kd8 – c8**
13. c6 – c7	**13. …**

Besetzt der Bauer ohne Schach die 7. Reihe, dann ist die Umwandlung sicher.

13. …	**13. Kc8 – b7**
14. Kd6 – d7	**und es ist aus.**

3. Bauernpaar nicht festgelegt

a) Einfach, aber lehrreich

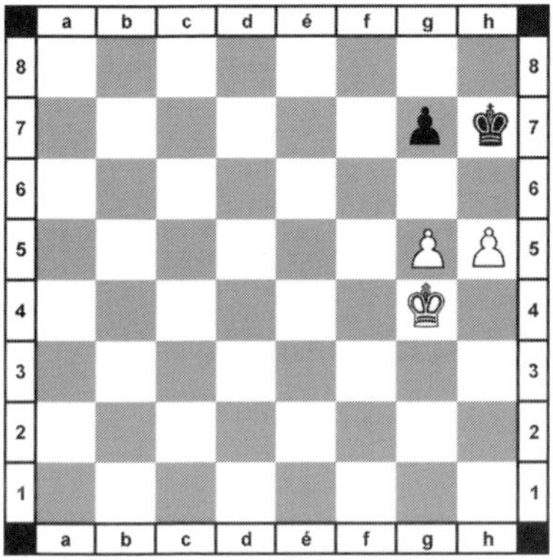

49
Weiß: Kg4, Bg5, h5.
Schwarz: Kh7, Bg7.
Weiß am Zug gewinnt.

1. Kg4–f5! **1. …**

Mit drei Erwiderungen:

1. Spiel

1. … **1. g7–g6+**

Jetzt würde 2. h5×g6+, Kh7–g7! zum Remis führen.

2. Kf5–f6 **2. g6×h5**
3. Kf6–f7 **3. h5–h4**
4. g5–g6+ **4. Kh7–h6**
5. g6–g7 **5. h4–h3**
6. g7–g8(D) **Weiß gewinnt.**

2. Spiel

	1. …	**1. Kh7–h8**
	2. Kf5–g6	**2. Kh8–g8**
	3. h5–h6	**3. …**
a)	**3. …**	**3. g7 × h6**
	4. Kg6 × h6!	**4. Kg8–h8**
	5. g5–g6	**5. Kh8–g8**
	6. g6–g7	**6. Kg8–f7**
	7. Kh6–h7	**Weiß gewinnt.**
b)	**3. …**	**3. Kg8–h8**
	4. h6 × g7+	**4. Kh8–g8**
	5. Kg6–h6!	**5. Kg8–f7**
	6. Kh6–h7	**Weiß gewinnt.**

3. Spiel

1. …	**1. Kh7–g8**
2. Kf5–g6	**2. Kg8–h8**

Sofort verlöre Kg8–f8??; 3. Kg6–h7!

3. Kg6–f7	**3. Kh8–h7**
4. h5–h6!	**4. …**

„Der Vorteil eines Mehrbauern ist, dass man ihn opfern kann zum Wohle des anderen“ (Irving Chernev).

4. …	**4. g7 × h6**
5. g5–g6+	**5. Kh7–h8**
6. g6–g7+	**6. Kh8–h7**
7. g7–g8 (D)#	

b) Wie man Bauerntausch erzwingt

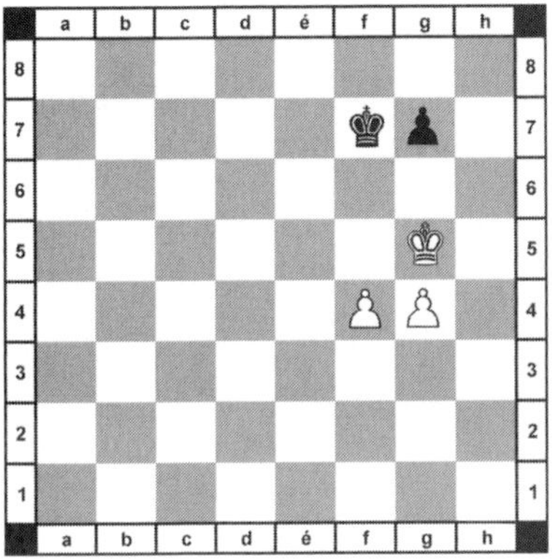

50
Weiß: Kg5, Bf4, g4.
Schwarz: Kf7, Bg7.

1. f4–f5!	**1. …**

Der Anziehende will Bauerntausch durchsetzen, um schnell zu gewinnen. Falls nun 1. … g7–g6??, dann 2. f5–f6!, Kf7–f8; 3. Kg5 × g6 mit leichtem Gewinn.

1. …	**1. Kf7–f8**
2. Kg5–g6	**2. Kf8–g8**
3. f5–f6	**3. Kg8–h8!**

Herzliche Einladung zum 4. f6–f7?? Patt.
Falls Kg8–f8, so 4. f6–f7, Kf8–é7; 5. Kg6 × g7 und gewinnt.
Oder 3. … g7 × f6; 4. Kg6 × f6, Kg8–f8; 5. Kf6–g6, Kf8–g8; 6. g4–g5!. Ein Tempozug. Der schwarze König muss die Opposition aufgeben. Kg8–f8; 7. Kg6–h7! und Weiß gewinnt.

Nach dem Textzug könnte Weiß einfach mit 4. f6×g7+ gewinnen: Kh8–g8; 5. Kg6–h6! Er wählt jedoch einen hübscheren Gewinn:

4. Kg6–f7	**4. g7×f6**
5. Kf7×f6	**5. Kh8–h7**
6. g4–g5	**6. Kh7–g8**
7. Kf6–g6!	**7. …**

Aber ja nur nicht 7. g5–g6?, Kg8–f8 =.

7. …	**7. Kg8–h8**
8. Kg6–f7	**8. Kh8–h7**
9. g5–g6+	**Weiß gewinnt.**

c) Noch ein instruktives Beispiel

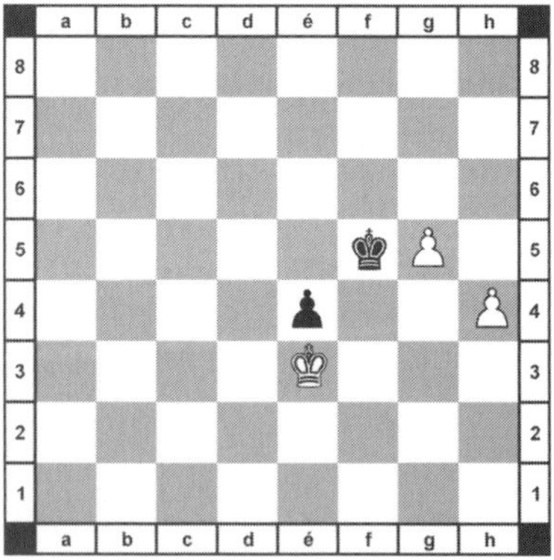

51
Weiß: Ké3, Bh4, g5.
Schwarz: Kf5, Bé4.
Weiß am Zug gewinnt.
Endspiel von Irving Chernev (1941)

1. Ké3–f2!	**1. …**

1. Spiel

1. …	1. Kf5–é5
2. g5–g6!	2. Ké5–f6
3. h4–h5	3. Kf6–é6
4. g6–g7!	4. Ké6–f7
5. h5–h6	5. …

Schwarz ist rettungslos verloren, weil der weiße König auch eingreifen kann.

2. Spiel

1. …	1. Kf5–g6
2. Kf2–é2!	2. …

Ein feiner Tempozug.

2. …	2. Kg6–f5
3. Ké2–é3	3. Kf5–é5
4. g5–g6!	4. Ké5–f6
5. h4–h5	5. Kf6–g7
6. Ké3×é4	Weiß gewinnt.

Zwei gegen zwei

Dieses Endspiel kann in zwei Gruppen gegliedert sein – je nachdem, ob die Parteien Freibauern haben oder nicht.

Endspiele mit Freibauern

1. Beide haben zwei Freibauern

a) Reuben Fines Remisstellung

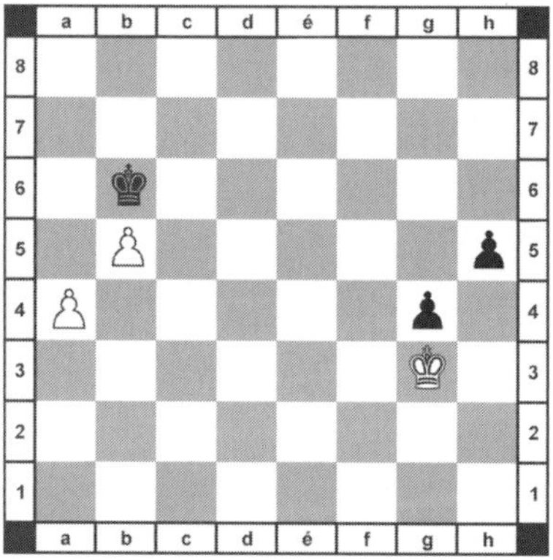

52
Weiß: Kg3, Ba4, b5.
Schwarz: Kb6, Bg4, h5.

Weder Weiß noch Schwarz können Fortschritte machen. Der weiße König pendelt zwischen g3 und h4 und der schwarze auf b6 und a5.
Zwei verbundene Bauern können ohne Hilfe des eigenen Königs gegen den feindlichen König nichts ausrichten.

b) Teilnahme des Königs

Ein Einzelbauer am Rand ist meistens günstiger als zwei verbundene Bauern im Zentrum.

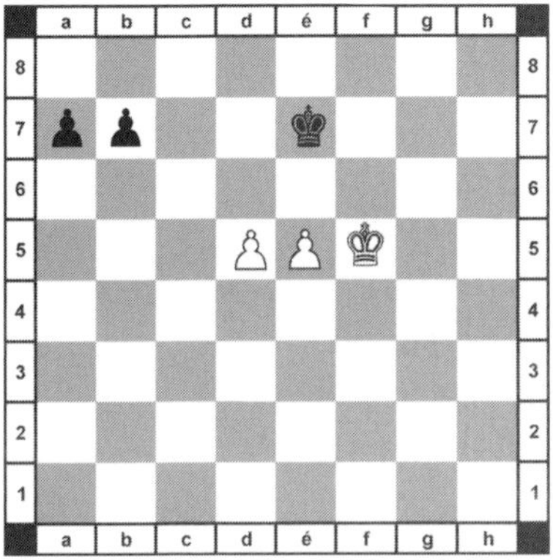

53
Weiß: Kf5, Bé5, d5.
Schwarz: Ké7, Ba7, b7.
Weiß am Zug gewinnt.

1. d5–d6+!	**1. …**

Weiß kann in drei Zügen umwandeln.

1. …	**1. Ké7–d8**

Es kommt das Gleiche heraus, ob der König nach d7 oder é8 flüchtet. Aber Ké7–f8(f7) verlöre schneller.

1. Spiel

2. é5–é6	**2. a7–a5**
3. Kf5–f6	**3. a5–a4**
4. Kf6–f7	**4. a4–a3**
5. é6–é7+	**5. Kd8–d7**
6. é7–é8 (D)+	**und gewinnt.**

2. Spiel

2. Kf5–é6	2. a7–a5
3. d6–d7	3. a5–a4
4. Ké6–d6!	4. a4–a3
5. é5–é6	5. a3–a2
6. é6–é7#	

c) Ein geistreicher Tempozug

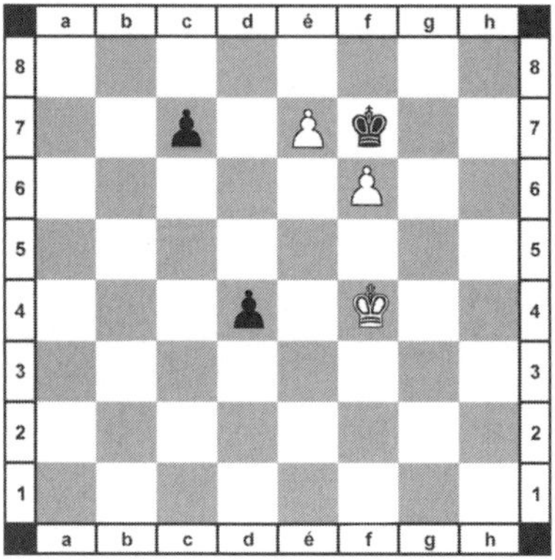

54
Weiß: Kf4, Bé7, f6.
Schwarz: Kf7, Bc7, d4.
Weiß gewinnt.
Endspiel von J. Behting (1894)

Zwei gute Ratschläge von Reuben Fine:

1. Ziehe deine Bauern so weit nach vorne, wie es nur möglich ist.
2. Versuche immer, die gegnerischen Bauern zu blockieren.

1. Kf4–f3!	1. …

Eine unerwartete Feinheit. Will Weiß gewinnen, dann muss sein König im richtigen Moment (also sobald der schwarze

König auf é8 zieht) in die 5. Reihe gehen, um mit Ké6 und f6–f7# zu drohen. Falsch wäre 1. Kf4–é4?, c7–c5; 2. Ké4–f4, d4–d3!; 3. Kf4–é3, c5–c4 =.

1. …	**1. c7–c6!**

Nicht c7–c5?, 2. Kf3–é4, und Schwarz ist im Zugzwang: Seine Bauern dürfen nicht ziehen. Es bleibt ihm also nichts anderes übrig als 2. … Kf7–é8; 3. Ké4–d5!, Ké8–d7 (um das Feld é6 zu decken).
Auch nicht 1. … d4–d3?; 2. Kf3–é3 × d3.

2. Kf3–f4!	**2. c6–c5**
3. Kf4–é4	**3. Kf7–é8**

Erzwungen. Schwarz hat nichts Besseres.

4. Ké4–d5!	**4. …**

Droht 5. Kd5–é6 nebst 6. f6–f7#.

4. …	**4. Ké8–d7!**

Nicht Ké8–f7?; 5. Kd5–d6, d4–d3; 6. Kd6–d7, d3–d2; 7. é7–é8(D)+ und Weiß gewinnt.

5. Kd5–c4	**5. Kd7–é8**
6. Kc4 × c5!!	**6. …**

Weiß droht mit 7. Kc5 × d4.

6. …	**6. d4–d3**
7. Kc5–d6	**7. …**

Jetzt nicht d3–d2??; 8. Kd6–é6, d2–d1(D); 9. f6–f7#.

Weiß	Schwarz
7. …	7. Ké8–f7
8. Kd6–d7	8. d3–d2
9. é7–é8(D)+	9. Kf7×f6
10. Dé8–é2	und gewinnt.

d) Ein plötzliches Matt

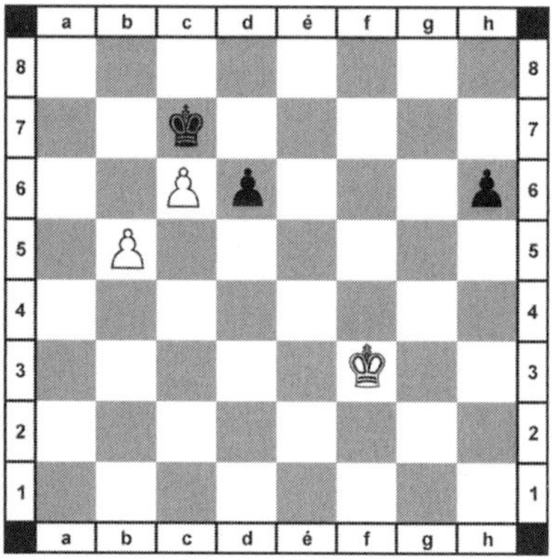

55
Weiß: Kf3, Bb5, c6.
Schwarz: Kc7, Bd6, h6.
Weiß am Zug gewinnt.
Endspiel von J. Kling und B. Horwitz (1851)

Der weiße Bauer b5 darf nicht geschlagen werden, weil dann Bc6 umwandeln kann. Dagegen gehen beide schwarze Bauern nach einem Bauernzug verloren.

Weiß	Schwarz
1. Kf3–f4!	**1. Kc7–b6**

Nicht h6–h5?; 2. Kf4–g5, d6–d5; 3. Kg5×h5, und auch der zweite Bauer wird erbeutet, weil der weiße König in seinem Quadrat steht.
Schwach ist auch d6–d5?; 2. Kf4–é5, h6–h5; 3. Ké5×d5, und auch der zweite schwarze Bauer fliegt hinaus.

2. Kf4–f5	**2. Kb6–c7**
3. Kf5–f6	**3. Kc7–b6**

Nicht h6–h5?; 4. Kf6–g5.
Auch nicht d6–d5?; 4. Kf6–é5, und Weiß erwischt beide Bauern.

4. Kf6–é6	**4. h6–h5**

Oder Kb6–c7; 5. Ké6–d5, h6–h5; 6. b5–b6+!!, Kc7×b6; 7. Kd5×d6, h5–h4; 8. c6–c7, Kb6–b7; 9. Kd6–d7, und Weiß gewinnt.

5. Ké6×d6	**5. h5–h4**
6. c6–c7	**6. h4–h3**
7. c7–c8(D)	**7. h3–h2**
8. Dc8–a6#	

e) Ein häufiges Bauernopfer

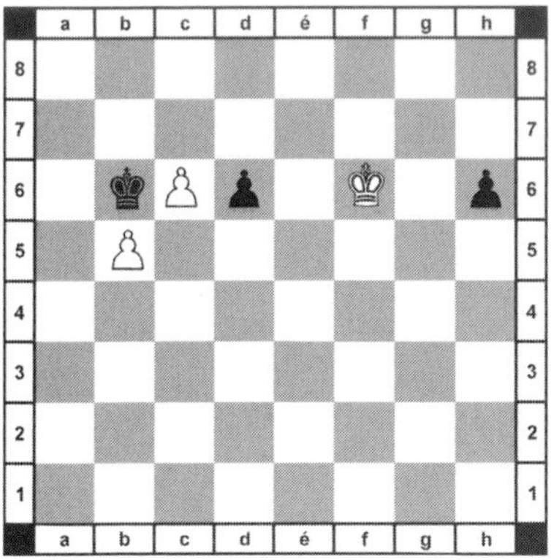

56
Weiß: Kf6, Bb5, c6.
Schwarz: Kb6, Bd6, h6.
Weiß am Zug gewinnt.
Aus einem Endspiel von Georges Walker (1841)

1. Kf6–é6!	1. Kb6–c7
2. Ké6–d5	2. h6–h5
3. b5–b6+!!	Der Gewinnstreich
3. …	3. Kc7×b6
4. Kd5×d6	4. h5–h4

Zu spät. Weiß wandelt seinen Bauern in drei Zügen um und gewinnt.

5. c6–c7	5. Kb6–b7
6. Kd6–d7	6. h4–h3
7. c7–c8(D)+	

2. Beide haben einen Freibauern

a) Eine einfache Kombination

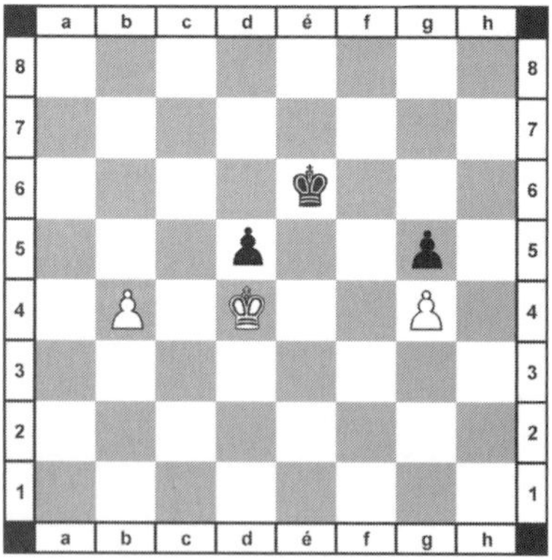

57
Weiß: Kd4, Bb4, g4.
Schwarz: Ké6, Bd5, g5.
Weiß am Zug gewinnt.

Weiß fasst einen einfachen Gewinnplan: Er opfert seinen Bauern b4, um den schwarzen König von der Verteidigung des Damenbauern wegzulenken. Danach kann Weiß beide schwarzen Bauern kassieren.

1. b4–b5	**1. Ké6–d6**
2. b5–b6	**2. Kd6–c6**
3. b6–b7	**3. Kc6×b7**
4. Kd4×d5	**4. Kb7–c7**
5. Kd5–é6!	**5. …**

Danach kann der schwarze Herrscher nicht in den Kampf eingreifen.

5. …	**5. Kc7–d8**
6. Ké6–f6	**6. Kd8–é8**
7. Kf6×g5	**7. Ké8–f7**
8. Kg5–h6	**8. Kf7–f6**

Wenn Kf7–g8, dann gewinnt Weiß mit 9. Kh6–g6! die Opposition.

9. g4–g5+	**9. Kf6–f7**
10. Kh6–h7!	

b) Ein interessantes Mattbild

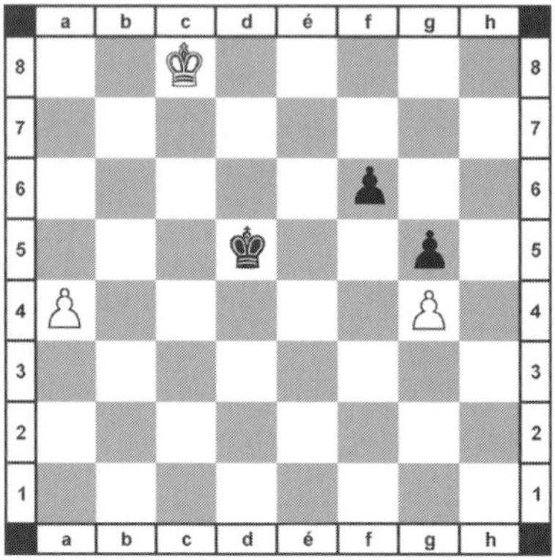

58
Weiß: Kc8, Ba4, g4.
Schwarz: Kd5, Bf6, g5.
Weiß am Zug gewinnt.
Endspiel von Nikolaj D. Grigorjew (1930)

Wenn 1. Kc8–d8 (mit der Absicht, die feindlichen Bauern anzugreifen), dann Kd5–c6; 2. Kd8–é7, f6–f5!!; 3. g4×f5, g5–g4, und es werden beide Bauern umgewandelt, mit Remisschluss.

1. a4–a5!	**1. Kd5–c6**
2. Kc8–b8!	**2. …**

Weiß droht Bauern Vormarsch und Umwandlung mit Schach.

2. …	**2. Kc6–b5**
3. Kb8–b7	**3. …**

Verlieren würde nun f6–f5?; 4. a5–a6, f5×g4; 5. a6–a7, g4–g3; 6. a7–a8(D).

3. …	**3. Kb5×a5**
4. Kb7–c6	**4. …**

Wenn jetzt Ka5–b4, dann 5. Kc6–d5, f6–f5!!; 6. g4×f5, g5–g4; 7. f5–f6, und der weiße Bauer wird mit Schach umgewandelt.

4. ...	**4. f6–f5!!**
5. g4×f5	**5. g5–g4**
6. f5–f6	**6. g4–g3**
7. f6–f7	**7. g3–g2**
8. f7–f8(D)	**8. g2–g1(D)**
9. Df8–a3#	

c) Vergebliche Umwandlung

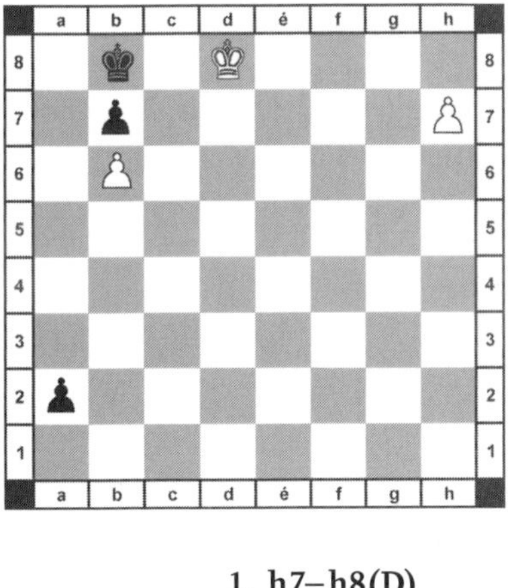

59
Weiß: Kd8, Bb6, h7.
Schwarz: Kb8, Ba2, b7.
Weiß am Zug gewinnt.
Endspiel von D. Joseph

1. h7–h8(D)	**1. ...**

Die Dame glaubt, das Umwandlungsfeld des schwarzen Bauern (a1) zu beherrschen.

1. ...	**1. a2–a1(D)!!**

Trotzdem. Wenn 2. Dh8 × Da1??, dann ist Schwarz patt.

2. Dh8–g8!	**2. …**

Es droht aufgedecktes Matt durch 3. Kd8–d7(é7)(#). Andere Damenzüge sind nicht befriedigend:

a) 2. Dh8–é8?, Da1–g7! oder
b) 2. Dh8–f8?, Da1–a3!!; 3. Df8–g8!, Da3–d6+ erbeutet den Bb6.

2. …	**2. Da1–a2!!**
3. Dg8–é8	**3. Da2–a4!!**

Die schwarze Dame opfert sich tüchtig, um ein Patt zu machen.

4. Dé8–é5+	**4. Kb8–a8**
5. Dé5–h8!!	**5. …**

Weiß gewinnt. Schwarz kann das aufgedeckte Matt des weißen Königs nicht abwehren.

3. Nur ein Freibauer

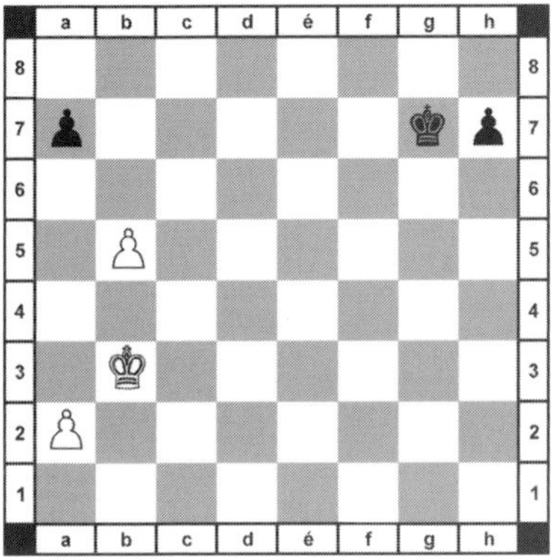

60
Weiß: Kb3, Ba2, b5.
Schwarz: Kg7, Ba7, h7.
Weiß am Zug gewinnt.

1. a2–a4	1. Kg7–f7
2. a4–a5	2. Kf7–é7
3. b5–b6!	3. a7 × b6

1. Spiel (falsch)

4. a5 × b6??	4. Ké7–d7
5. b6–b7	5. Kd7–c7 =

2. Spiel (richtig)

4. a5–a6!!	4. Ké7–d7
5. a6–a7	5. Kd7–c7
6. a7–a8(D)	Weiß gewinnt.

4. Kein Freibauer vorhanden

a) Ein lehrreiches Schachproblem

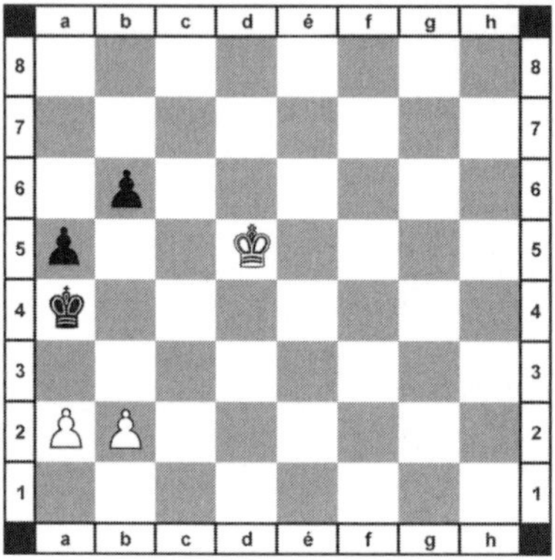

61
Weiß: Kd5, Ba2, b2.
Schwarz: Ka4, Ba5, b6.
Schachrätsel von
R. Braun (1841).
Weiß zieht und setzt
im vierten Zug matt.

1. Kd5–c4!	1. b6–b5+
2. Kc4–c3(c5)	2. b5–b4+
3. Kc3–c4	3. b4–b3
4. a2×b3#	

b) Ein vergessenes Endspiel

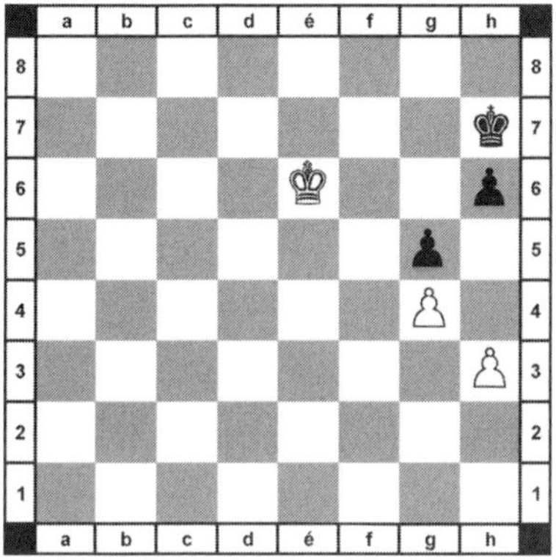

62
Weiß: Ké6, Bg4, h3.
Schwarz: Kh7, Bh6, g5.
Weiß am Zug gewinnt.
Endspiel von F. J. Teed (1885)

1. Ké6–f7! 1. …

Falls jetzt Kh7–h8??, so erbeutet Weiß mit 2. Kf7–g6 beide Bauern.
Oder 1. Ké6–f6?, h6–h5!!; 2. Kf6×g5, h5×g4; 3. h3×g4, Kh7–g7=.

1. … **1. h6–h5!**

Nun würde 2. Kf7–f6?, h5×g4; 3. h3×g4, Kh7–h8; 4. Kf6×g5, Kh8–g7! die Opposition erreichen, und Weiß hat nur ein mageres Remis.

2. h3–h4!! 2. …

Die Vorbereitung eines Durchbruchs.

1. Spiel

2. …	2. h5 × g4
3. h4 × g5	3. g4 – g3
4. g5 – g6+	4. Kh7 – h6
5. g6 – g7	5. g3 – g2
6. g7 – g8(D)	Weiß gewinnt.

2. Spiel

2. …	2. g5 × h4
3. g4 – g5!	3. h4 – h3
4. g5 – g6+	4. Kh7 – h6
5. g6 – g7	5. h3 – h2
6. g7 – g8(D)	6. h2 – h1(D)
7. Dg8 – g6#	

3. Spiel

2. …	2. Kh7 – h6!
3. Kf7 – f6!	3. h5 × g4

Oder g5 × h4; 4. g4 – g5+, Kh6 – h7; 5. Kf6 – f7!. Weiß gewinnt.

4. h4 × g5+	4. Kh6 – h5
5. g5 – g6	5. g4 – g3
6. g6 – g7	6. Kh5 – g4
7. g7 – g8(D)+	7. Kg4 – f3
8. Kf6 – g5	8. g3 – g2
9. Kg5 – h4	9. Kf3 – f2
10. Dg8 – g3+	10. Kf2 – f1

11. Dg3–f3+	11. Kf1–g1
12. Kh4–h3	12. Kg1–h1
13. Df3×g2#	

c) Geistreicher Zeitgewinn

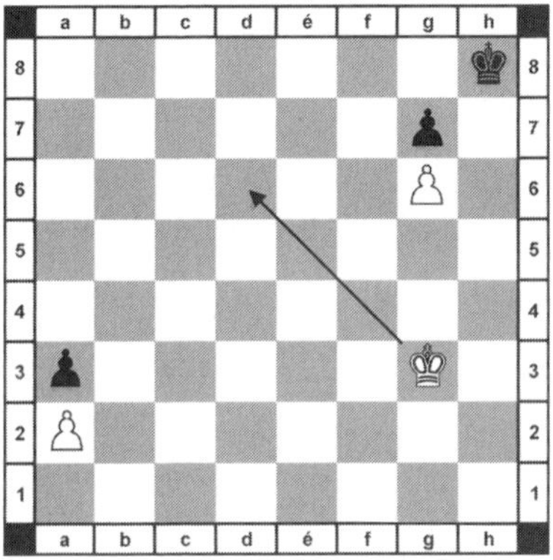

63
Weiß: Kg3, Ba2, g6.
Schwarz: Kh8, Ba3, g7.
Weiß am Zug gewinnt.
Endspiel von J. Moravec

Den Bauern a3 schnurstracks zu erobern würde 6 Züge kosten. Dies genügt dem Nachziehenden reichlich, den feindlichen Bauern g6 gleichfalls zu gewinnen. Im Endergebnis verwandeln beide Parteien ihren Bauern gleichzeitig, und das Damenendspiel ist remis.

1. Kg3–f4!	1. …

Der weiße König strebt nach d6, weil er von dort den Bauern a3 in drei Zügen schlagen kann. Zugleich soll jedoch der schwarze Herrscher weiterhin in der Ecke eingesperrt bleiben.

1. …	**1. Kh8–g8**
2. Kf4–é5	**2. Kg8–f8**
3. Ké5–d6!	**3. Kf8–é8**
4. Kd6–é6	**4. …**

Die siegreiche Opposition. Katastrophal wäre nun Ké8–d8??; 5. Ké6–f7 × g7, und Weiß verwandelt seinen Bauern in wenigen Zügen mit leichtem Gewinn. Erzwungen ist daher:

4. …	**4. Ké8–f8**
5. Ké6–d7	**5. Kf8–g8**
6. Kd7–é7!	**6. Kg8–h8**

Es ist gelungen. Nun braucht Weiß nur 4 Züge bis zum schwarzen Bauern – gegenüber den 6 Zügen in der Diagrammstellung. Dagegen machte Schwarz keine Fortschritte, weil er in die Ecke zurückkehren musste.

7. Ké7–d6	**7. Kh8–g8**
8. Kd6–c5	**8. Kg8–f8**
9. Kc5–b4	**9. Kf8–é7**
10. Kb4 × a3	**10. …**

Was sollte nun Schwarz tun? – Wenn er mit Ké7–f6 × g6–f5 auch einen Freibauern ins Leben ruft, so braucht er 3 Züge dazu. Der weiße Bauer a3 könnte dagegen nach einem Zug (Ka3–b4) das Rennen beginnen und zwei Züge früher umwandeln als Schwarz. Wegen dieser trüben Aussichten versucht Schwarz, die Umwandlung des weißen Randbauern zu vereiteln.

10. …	10. Ké7–d6
11. Ka3–b4	11. Kd6–c6
12. a2–a4	12. Kc6–b6
13. Kb4–c4	13. Kb6–c6
14. a4–a5	14. Kc6–c7
15. Kc4–d5	15. …

Weiß gewinnt. Schwarz ist nicht imstande, den weißen Freibauern aufzuhalten und gleichzeitig den schwarzen Bauern zu decken.

d) Der starke Doppelbauer

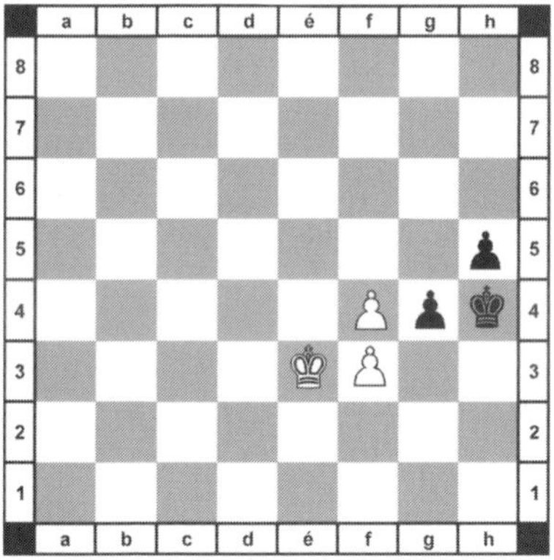

64
Weiß: Ké3, Bf3, f4.
Schwarz: Kh4, Bg4, h5.
Weiß am Zug gewinnt.
Endspiel von Nikolaj D. Grigorjew (1925)

1. Ké3–f2	1. …

Wenn nun g4–g3+, dann 2. Kf2–g1!, nicht 2. Kf2–g2 =?? Patt.

1. Spiel

1. …	**1. g4 × f3?**
2. Kf2 × f3	**2. Kh4 – h3**
3. f4 – f5	**3. h5 – h4**
4. f5 – f6	**4. Kh3 – h2**
5. f6 – f7	**5. h4 – h3**
6. f7 – f8(D)	**6. Kh2 – g1**
7. Df8 – h8!	**7. h3 – h2**
8. Dh8 – a1#	

2. Spiel

1. …	**1. Kh4 – h3**
2. Kf2 – g1	**2. …**

Nicht jedoch 2. f4 – f5?, Kh3 – h2!, und Schwarz verwandelt seinen Bauern früher als Weiß.

2. …	**2. Kh3 – h4**

Verhindert f4 – f5.

	3. Kg1 – g2	**3. g4 – g3**
a)	**4. Kg2 – g1!**	**4. g3 – g2!!**
	5. Kg1 – h2!	**5. …**

Freilich nicht 5. Kg1 × g2?? = Patt.

5. …	**5. g2 – g1(D)+**
6. Kh2 × Dg1	**6. Kh4 – g3**
7. f4 – f5	**7. …**

Weiß gewinnt, da sein Bauer f5 nicht aufgehalten werden kann.

b)

4. Kg2–h1?	4. Kh4–h3
5. f4–f5	5. g3–g2+
6. Kh1–g1	6. Kh3–g3!
7. f5–f6	7. h5–h4
8. f6–f7	8. h4–h3
9. f7–f8(D)	9. h3–h2#

e) Nochmals Zweibauernmatt

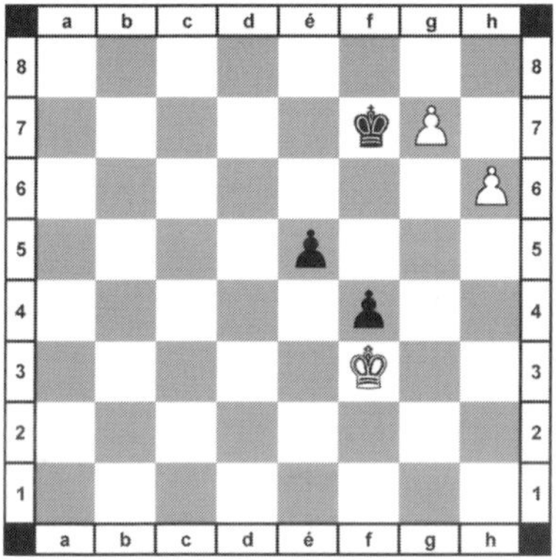

65
Weiß: Kf3, Bh6, g7.
Schwarz: Kf7, Bé5, f4.
Weiß am Zug gewinnt.
Stellung von Max Karstedt (1921)

1. Kf3–é4	1. Kf7–g8
2. Ké4×é5!!	2. …

Weiß gestattet die Umwandlung des verbliebenen schwarzen Bauern:

2. …	2. f4–f3
3. Ké5–f6	3. f3–f2

Oder Kg8–h7; 4. Kf6–f7, f3–f2; 5. g7–g8(D)+, Kh7 × h6; 6. Dg8–g6#.

4. Kf6–g6	**4. f2–f1(D)**
5. h6–h7#	

f) Verbundene Bauern gegen zwei Einzelbauern

Die verbundenen Bauern sind meistens stärker als die isolierten. Doch sind auch Ausnahmen möglich.

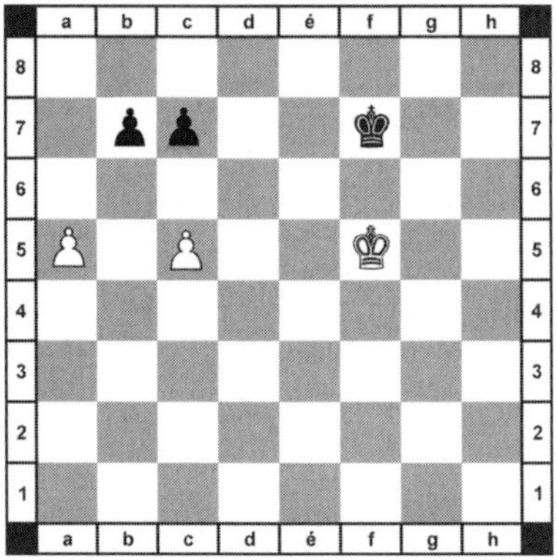

66
Weiß: Kf5, Ba5, c5.
Schwarz: Kf7, Bb7, c7.
Weiß am Zug gewinnt.
Schwarz am Zug hält Remis.

Weiß hat eine lehrreiche Durchbruch-Kombination in petto:

1. c5–c6!!	**1. b7 × c6**
2. a5–a6	**und gewinnt.**

Oder 1. … b7–b6; 2. a5–a6! mit demselben Ergebnis. Schwarz am Zug sichert mit 1. … c7–c6 das Remis.

g) Nochmals starke Doppelbauern

Wenn ein Spieler Doppelbauern besitzt, kann er für die Verteidigung recht stark sein – vorausgesetzt, dass der Gegner keinen Freibauern hat.

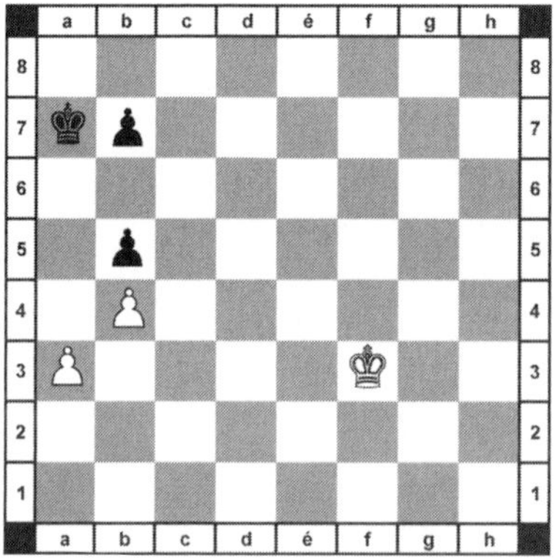

67
Weiß: Kf3, Ba3, b4.
Schwarz: Ka7, Bb7, b5.
Eine Stellung von
B. Horwitz (1876)

1. Kf3–é4	**1. Ka7–a6!**

Der König wartet mit der Besetzung des Feldes b6 so lange, bis der weiße Monarch näher kommt.

2. Ké4–d5	**2. Ka6–b6**
3. Kd5–d6	**3. Kb6–a7**
4. Kd6–c7	**4. Ka7–a6**
5. Kc7–b8	**5. Ka6–b6! =**

Drei Bauern gegen zwei

1. Der starke König

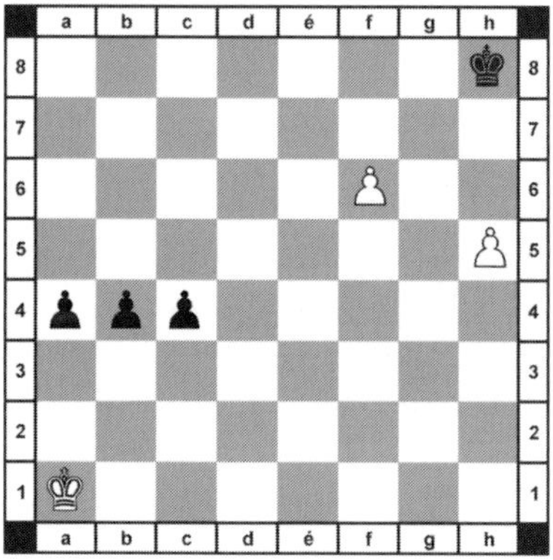

68
Weiß: Ka1, Bf6, h5.
Schwarz: Kh8,
Ba4, b4, c4.
Endspiel von Lorenzo Domenico Ponziani (1769).
Weiß am Zug gewinnt.

1. h5–h6!	**1. Kh8–g8**
2. Ka1–b1!!	**2. …**

Schwarz ist im Zugzwang. Der König darf offensichtlich nicht ziehen. Nach 2. … Kg8–f8; 3. h6–h7 oder 2. … Kg8–h8; 3. f6–f7 wird ein weißer Bauer verwandelt.
Auch die schwarzen Bauern stehen auf verlorenen Posten. Der weiße König wird mit allen dreien fertig:

2. …	**2. a4–a3**
3. Kb1–a2!	**3. c4–c3**
4. Ka2–b3	**4. …**

Der König erobert alle drei nacheinander. Oder 2. … b4–b3; 3. Kb1–b2! mit demselben Ergebnis. Schließlich 2. … c4–c3; 3. Kb1–c2!

2. Der günstige Abtausch

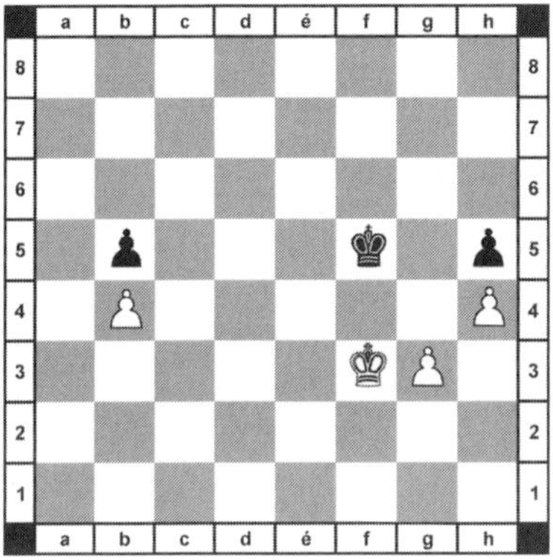

69
Weiß: Kf3, Bb4, g3, h4.
Schwarz: Kf5, Bb5, h5.
Weiß am Zug gewinnt.

1. g3–g4+!!	**1. …**

Dieses Bauernopfer gewinnt schnell.

1. …	**1. h5×g4+**

Schwarz muss das Opfer annehmen, da nach Kf5–g6; 2. g4–g5! Weiß einen gedeckten Freibauern hätte, der zum Sieg genügen würde.

2. Kf3–g3	**2. …**

Schwarz muss den erbeuteten Bauern zurückgeben. Hoffnungslos wäre nun Kf5–é5; 3. Kg3×g4, Ké5–d5; 4. h4–h5, Kd5–c4; 5. h5–h6, und der weiße Bauer verwandelt früher als der schwarze.

2. …	**2. Kf5–g6**
3. Kg3×g4	**3. Kg6–h6**
4. Kg4–f5!	**4. …**

Weiß kann seinen Freibauern opfern, weil Schwarz damit zwei wichtige Tempi verlieren muss:

4. …	4. Kh6–h5
5. Kf5–é5	5. Kh5×h4
6. Ké5–d5	6. Kh4–g5
7. Kd5–c5	7. Kg5–f6
8. Kc5×b5	8. Kf6-é7
9. Kb5–c6	9. Ké7–d8
10. Kc6–b7	10. Kd8–d7
11. b4–b5	Weiß gewinnt.

3. Kampf der Könige

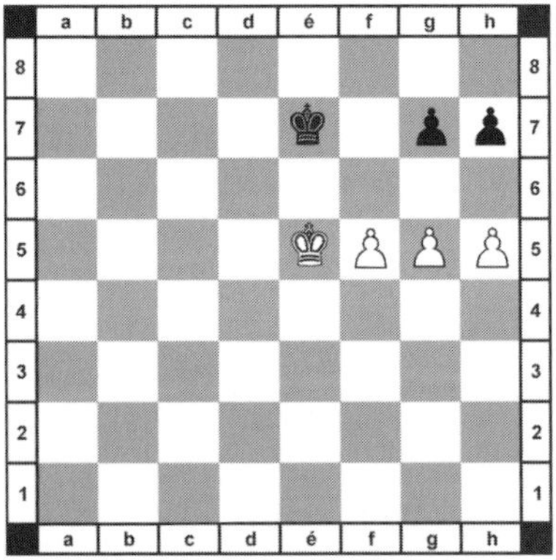

70
Weiß: Ké5, Bf5, g5, h5.
Schwarz: Ké7, Bg7, h7.
Weiß gewinnt.
Endspiel von Giambattista Lolli (1763)

1. g5–g6!	1. …

1. Spiel

1. …	**1. h7 × g6**
2. h5 × g6	**2. Ké7–d7**

Schwarz ist im Zugzwang.

3. f5 – f6!	**3. …**

Schwarz verliert sowohl nach Kd7–é8, 4. f6 × g7! wie auch nach g7 × f6+; 4. Ké5 × f6.

2. Spiel

1. …	**1. h7–h6**
2. Ké5 – d5	**2. Ké7–f8**

Oder Ké7–f6; 3. Kd5 – é4, Kf6 – g5; 4. Ké4 – é5, Kg5 × h5; 5. Ké5 – f4!, um den schwarzen Herrscher abzudrängen. 5. … Kh5 – h4; 6. f5 – f6!!, g7 × f6; 7. g6 – g7, und Weiß gewinnt.

3. Kd5 – d6	**3. Kf8 – é8**
4. Kd6 – é6	**4. Ké8 – f8**
5. Ké6 – d7	**5. Kf8 – g8**
6. Kd7– é7	**6. Kg8 – h8**
7. f5 – f6!	**7. g7 × f6**
8. Ké7– f7!!	

nebst Matt in zwei Zügen durch g6 – g7– g8(D).

4. Dreimal Damenspieß

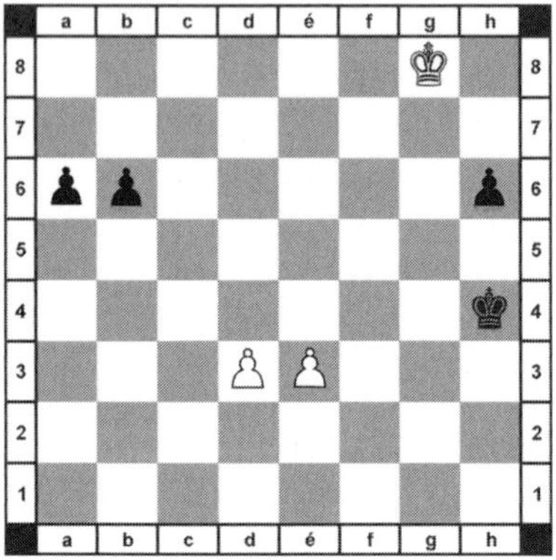

71
Weiß: Kg8, Bd3, é3.
Schwarz: Kh4, Ba6, b6, h6.
Endspiel von Nikolaj D. Grigorjew.
Weiß am Zug gewinnt.

1. d3–d4	**1. …**

Um den Bauern mit Schach zu verwandeln.

1. …	**1. Kh4–g5**
2. Kg8–f7!	**2. …**

Nicht 2. d4–d5? Kg5–f6! =.

2. …	**2. Kg5–f5**
3. d4–d5	**3. Kf5–é5**
4. é3–é4	**4. …**

Weil nun Ké5–d6? an 5. Kf7–f6! scheitert, versucht Schwarz, einen Bauern zu verwandeln:

1. Spiel

4. …	**4. a6 – a5**
5. Kf7–é7	**5. a5 – a4**
6. d5 – d6	**6. a4 – a3**
7. d6 – d7	**7. a3 – a2**
8. d7–d8(D)	**8. a2 – a1(D)**
9. Dd8 – h8+!!	**9. …**

und die schwarze Dame fällt.

2. Spiel

4. …	**4. b6 – b5**
5. Kf7–é7	**5. b5 – b4**
6. d5 – d6	**6. b4 – b3**
7. d6 – d7	**7. b3 – b2**
8. d7–d8(D)	**8. b2 – b1(D)**
9. Dd8 – d6+!!	**9. Ké5 × é4**

Einen anderen Zug hat er nicht.

10. Dd6 – g6+	**nebst**
11. Dg6 × Db1	**und gewinnt.**

3. Spiel

4. …	**4. h6 – h5**
5. Kf7–é7	**5. h5 – h4**
6. d5 – d6	**6. h4 – h3**
7. d6 – d7	**7. h3 – h2**
8. d7–d8(D)	**8. h2 – h1(D)**
9. Dd8 – d6+	**9. Ké5 × é4**
10. Dd6 – c6+	**nebst**
11. Dc6 × Dh1	**und gewinnt.**

5. Lehrreiche Zurückdrängung des Königs

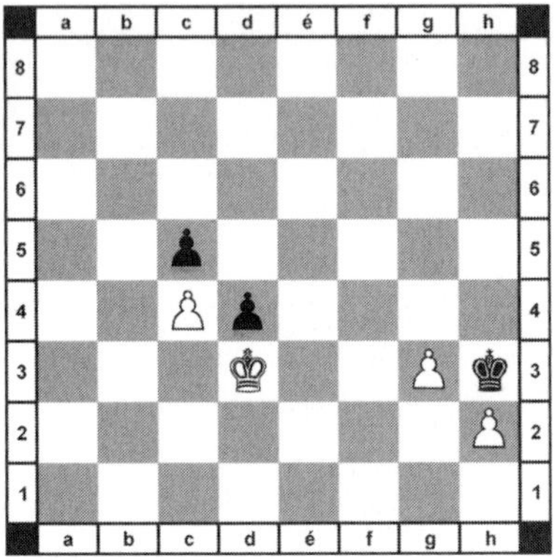

72
Weiß: Kd3, Bc4, g3, h2.
Schwarz: Kh3, Bc5, d4.
Weiß gewinnt.
Endspiel von J. Kling und B. Horwitz (1851)

1. Kd3–é4 **1. Kh3–g4**

Schwarz darf den Bauern h2 nicht schlagen, weil sich dann der g-Bauer ohne Hindernis umwandeln könnte.

2. h2–h4! **2. …**

Jetzt darf Schwarz den g-Bauern nicht schlagen.

2. …	**2. Kg4–h5**
3. Ké4–f4	**3. Kh5–h6**
4. g3–g4	**4. Kh6–g6**
5. h4–h5+	**5. Kg6–h6**
6. Kf4–é4	**6. …**

Der König muss den schwarzen Freibauern d4 bewachen.

6. …	**6. Kh6–g5**
7. Ké4–f3!	**7. Kg5–h6**
8. Kf3–f4	**8. …**

Beachten wir das Dreieck-Manöver des weißen Königs: é4–f3–f4. So entsteht dieselbe Stellung, aber mit Schwarz am Zug.

8. …	**8. Kh6–h7**
9. g4–g5	**9. …**

Verbietet die Rückkehr des schwarzen Königs nach h6.

9. …	**9. Kh7–g7**
10. g5–g6	**10. Kg7–h6**
11. Kf4–g4	**11. Kh6–g7**

Nicht d4–d3?; 12. Kg4–f3 nebst Erbeutung des wahnwitzigen Bauern.

12. Kg4–g5!!	**12. …**

Öffnet die Bahn des schwarzen Freibauern.

12. …	**12. d4–d3**
13. h5–h6+	**13. Kg7–g8**
14. Kg5–f6	**14. d3–d2**
15. h6–h7+	**15. Kg8–h8**
16. Kf6–f7	**16. d2–d1(D)**
17. g6–g7+	**17. Kh8×h7**
18. g7–g8(D)+	**18. Kh7–h6**
19. Dg8–g6#	

6. Bauern ohne Hilfe

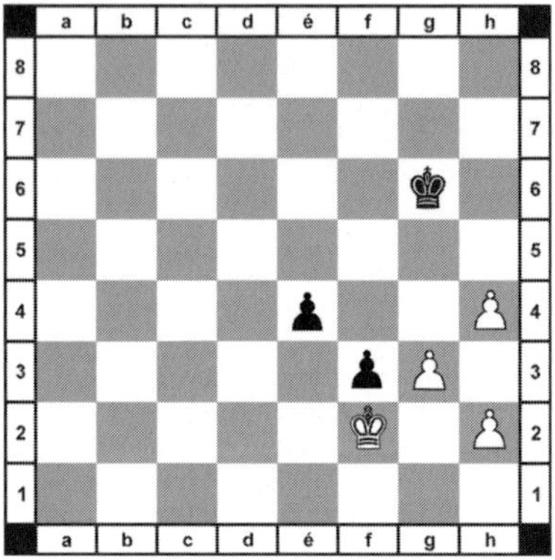

73
Weiß: Kf2, Bg3, h4, h2.
Schwarz: Kg6, Bé4, f3.
Weiß am Zug gewinnt.
Endspiel von J. Kling und B. Horwitz (1851)

Weiß	Schwarz
1. Kf2–é3!	1. Kg6–h5
2. h2–h3	2. Kh5–g6
3. g3–g4	3. Kg6–h6
4. Ké3–f2!	4. …

Der schwarze König soll nochmals ziehen:

Weiß	Schwarz
4. …	4. Kh6–g6
5. Kf2–g3	5. Kg6–h6
6. h4–h5	6. Kh6–g5
7. h3–h4+	7. Kg5–h6
8. Kg3–f2!	8. Kh6–h7
9. g4–g5	9. Kh7–g7
10. h5–h6+	10. Kg7–g6
11. h4–h5+!	11. …

Schwarz darf weder den Bauern g5 noch den Bh5 schlagen, da der Turmbauer h6 in einen Dame umgewandelt würde.

11. …	11. Kg6–h7
12. Kf2–é3!	12. Kh7–h8
13. g5–g6	13. Kh8–g8
14. h6–h7+	14. Kg8–g7
15. h5–h6+!	15. Ké7–h8

Der schwarze König ist patt. Schwarz muss einen Bauern ziehen.

16. Ké3–f2!	16. é4–é3+
17. Kf2×f3	17. é3–é2
18. g6–g7+!!	18. …

Weiß opfert einen Bauern, um das Patt aufzuheben.

18. …	18. Kh8×h7
19. Kf3×é2	19. …

Der weiße König eilt seinen Untertanen zu Hilfe, um den Gnadenstoß auszuführen.

7. Der Stellungsvorteil

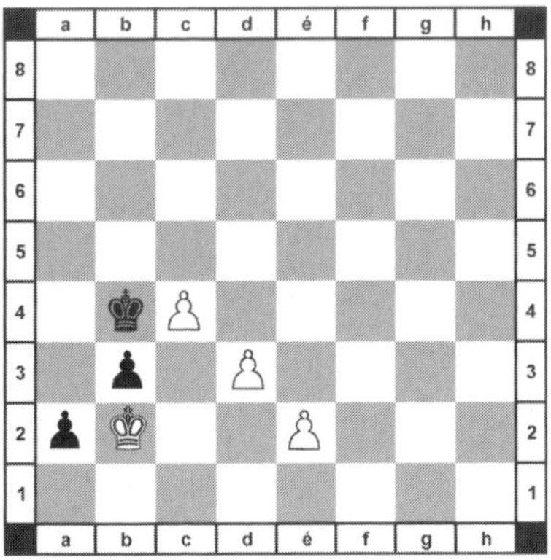

74
Weiß: Kb2, Bc4, d3, é2.
Schwarz: Kb4, Ba2, b3.
Weiß am Zug macht Remis.

Die schwarze Stellung ist derart überlegen, dass Weiß um ein Remis ringen muss.

1. Spiel

1. é2–é3	**1. Kb4–c5**
2. Kb2–a1	**2. Kc5–b4**
3. Ka1–b2	**3. Kb4–c5**

Remis durch Stellungs-Wiederholung.

2. Spiel

1. é2–é4?	**1. …**

Dieser unüberlegte Vormarsch verliert.

1. …	**1. Kb4–c5**
2. é4–é5	**2. Kc5–d4!**
3. é5–é6	**3. Kd4 × d3**
4. é6–é7	**4. a2–a1(D)+!!**
5. Kb2 × Da1	**5. Kd3–c2**
6. é7–é8(D)	**6. b3–b2+**
7. Ka1–a2	**7. b2–b1(D)+**
8. Ka2–a3	**8. Db1–b3#**

8. Ein amüsanter Pattwitz

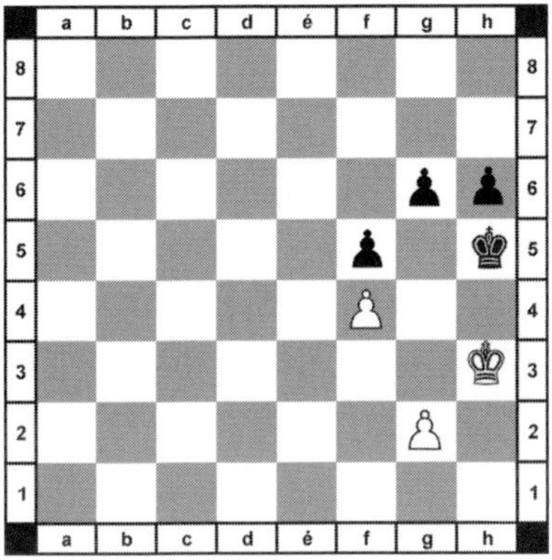

75
Weiß: Kh3, Bg2, f4.
Schwarz: Kh5, Bf5, g6, h6.

Schwarz hat einen Mehrbauern. Weiß muss froh sein, wenn er ein Remis erzwingt.

1. g2–g4+!	1. f5×g4+
2. Kh3–g3	2. g6–g5
3. f4–f5!! =	Schwarz ist patt.

9. Der Sieg des Mehrbauern

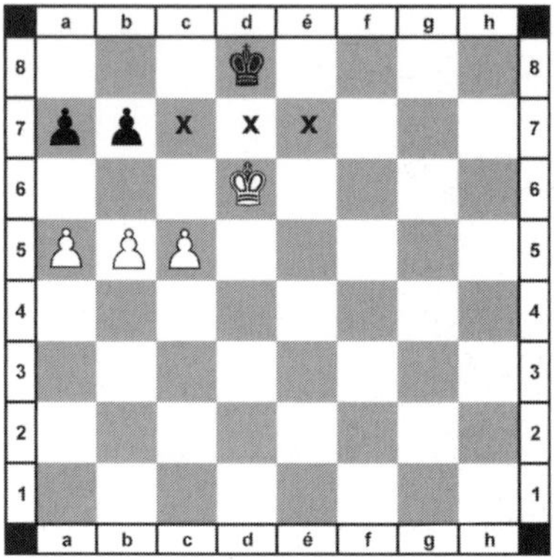

76
Weiß: Kd6, Ba5, b5, c5.
Schwarz: Kd8, Ba7, b7.
Weiß am Zug gewinnt.

1. b5–b6!	**1. a7–a6**
2. Kd6–é6	**2. Kd8–c8!**

Am besten. Allerdings besetzt Weiß den Grenzbereich des Bauern b7.

3. Ké6–é7	**3. Kc8–b8**
4. Ké7–d8!	**4. Kb8–a8**

Jetzt nicht 5. Kd8–c7?? = Patt.

5. c5–c6!	**5. Ka8–b8**
6. c6–c7+	**6. Kb8–a8**
7. c7–c8(T)#	

Oder 5. … b7×c6; 6. Kd8–c8, c6–c5; 7. b6–b7+, Ka8–a7; 8. b7–b8(D)#.

Drei gegen drei

1. Der entfernte Freibauer

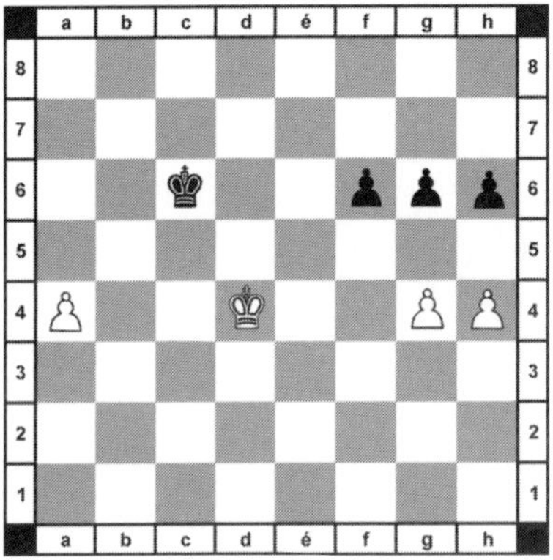

77
Weiß: Kd4, Ba4, g4, h4.
Schwarz: Kc6, Bf6, g6, h6.

1. a4–a5	1. Kc6–b5

Schwarz muss früher oder später den vorgerückten Freibauern schlagen. Zum Beispiel 1. … g6–g5. 2. h4 × g5, f6 × g5; 3. Kd4–é5.

2. Kd4–d5	**2. Kb5 × a5**
3. Kd5–é6	**3. f6–f5**
4. g4 × f5	**4. g6 × f5**
5. Ké6 × f5	**5. Ka5–b6**
6. Kf5–g6	**6. Kb6–c7**
7. Kg6 × h6	**7. Kc7–d7**
8. h4–h5	**8. Kd7–é7**
9. Kh6–g7!	**Weiß gewinnt.**

2. Erfolgreicher Bauerndurchbruch

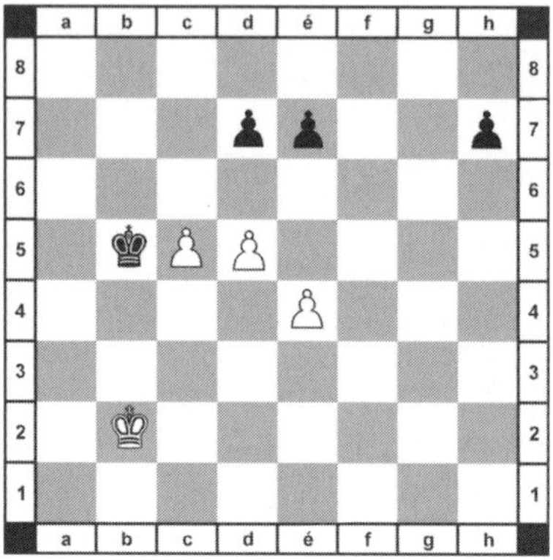

78
Weiß: Kb2, Bc5, d5, f4.
Schwarz: Kb5, Bd7, é7, h7.
Endspiel von R. Fontana (1943)

1. c5–c6! 1. Kb5–b6!

Schnell verlöre statt des Textzugs 1. … d7 × c6? 2. d5–d6! é7 × d6 (erzwungen), und der letzte Bauer wird umgewandelt: 3. f4–f5 usw.

2. d5–d6! 2. é7 × d6

Andere Züge verlieren sofort:
a) 2. … Kb6 × c6; 3. d6 × é7.
b) 2. … d7 × c6; 3. d6 × é7.
c) 2. … é7–é6; 3. c6 × d7.

3. f4–f5 3. Kb6–c7

Ein Versuch, den Freibauern f5 aufzuhalten.

4. f5–f6 4. Kc7–d8
5. c6–c7+!! 5. Kd8 × c7

Der arme König kann nicht auf einmal „auf zwei Hochzeiten tanzen".

6. f6–f7	**Weiß gewinnt.**

(Anmerkungen nach Irving Chernev)

3. Doppeltes Bauernopfer

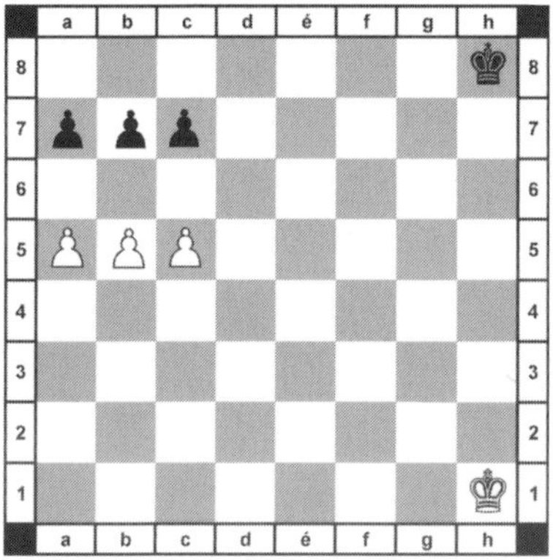

79
Weiß: Kh1, Ba5, b5, c5.
Schwarz: Kh8, Ba7, b7, c7.
Weiß am Zug gewinnt.
Schwarz am Zug hält Remis.

Die weißen Bauern können in dieser Stellung ohne Hilfe ihres Königs gewinnen:

1. b5–b6!	**1. …**

1. Spiel

1. …	**1. a7×b6**
2. c5–c6!!	**2. …**

Zweifaches Bauernopfer im Endspiel ist ziemlich selten.

2. …	**2. b7 × c6**
3. a5 – a6!	**3. …**

Der Turmbauer macht das Rennen. Oder 2. … b6 × a5; 3. c6 × b7.

2. Spiel

1. …	**1. c7 × b6**
2. a5 – a6!!	**2. b7 × a6**
3. c5 – c6!	**3. …**

Oder 2. … b6 × c5; 3. a6 × b7.
Schwarz am Zug macht Remis mit:

1. …	**1. b7– b6!**
2. c5 × b6	**2. c7 × b6!**
3. a5 × b6!	**3. …**

Nicht jedoch 2. … a7 × b6?? 3. a5 – a6!, und Weiß gewinnt.

4. Geglückte Verwandlung

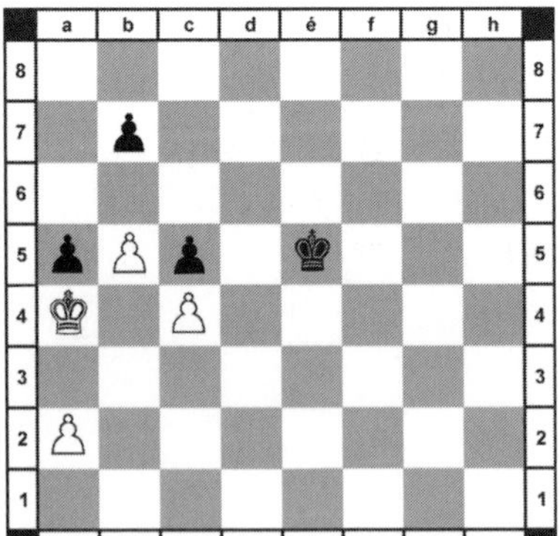

80
Weiß: Ka4, Ba2, b5, c4.
Schwarz: Ké5, Ba5, b7, c5.
Endspiel von Dr. M. Lewitt (1932).
Weiß am Zug gewinnt.

1. Spiel (falsch)

1. Ka4 × a5?	**1. …**

Richtig ist 1. b5 – b6! (Siehe 2. Spiel.)

1. …	**1. Ké5 – d4!**
2. Ka5 – b6	**2. Kd4 × c4**
3. a2 – a4	**3. Kc4 – b4**
4. a4 – a5	**4. c5 – c4**
5. a5 – a6	**5. b7 × a6**
6. b5 × a6	**6. c4 – c3 =**

2. Spiel (richtig)

1. b5 – b6!	**1. Ké5 – d4**
2. Ka4 – b5	**2. a5 – a4**
3. a2 – a3	**3. Kd4 – c3**
4. Kb5 × c5	**4. Kc3 – b3**
5. Kc5 – d4!	**5. Kb3 × a3**
6. Kd4 – c3	**6. Ka3 – a2**
7. c4 – c5	**7. a4 – a3**
8. Kc3 – c2!	**8. Ka2 – a1**
9. c5 – c6!	**9. a3 – a2**
10. Kc2 – c1	**10. b7 × c6**
11. b6 – b7	**11. c6 – c5**
12. b7–b8(D)	**nebst:**
13. Db8 – b2#	

5. Nochmals Damenopfer

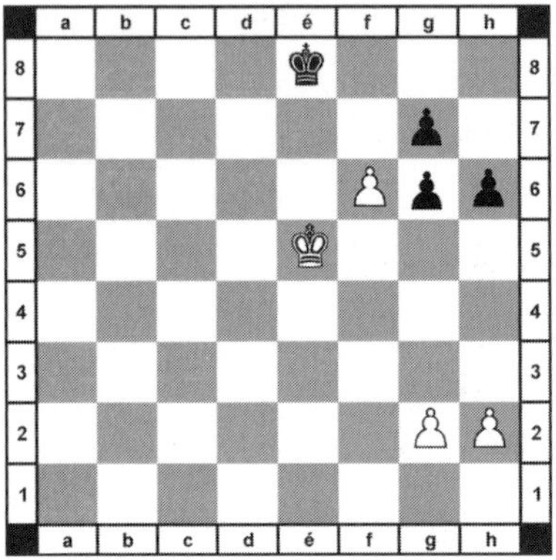

81
Weiß: Ké5, Bf6, g2, h2.
Schwarz: Ké8, Bg6, g7, h6.
Schluss einer Studie von H. M. Mattison.
Weiß am Zug gewinnt.

1. f6×g7	1. Ké8–f7
2. g7–g8(D)+!!	2. …

Weiß opfert die Dame, um seinem König das Feld f6 zugänglich zu machen.

2. …	2. Kf7×Dg8
3. Ké5–f6	3. Kg8–h7
4. g2–g4	4. g6–g5

Erzwungen. Nicht 4. … h6–h5? 5. g4–g5, h5–h4; 6. h2–h3! Schwarz im Zugzwang muss den König ziehen und verliert den Bg6.

5. Kf6–f7	5. h6–h5
6. h2–h4!!	6. Kh7–h6

Der letzte Strohhalm. Nach einem Bauerntausch verlöre Schwarz sofort.

7. Kf7–f6!	**Der Gewinnzug.**
7. …	**7. g5 × h4**
8. g4–g5+	**8. Kh6–h7**
9. Kf6–f7!	**Es ist aus.**

Es folgte noch 10. g5–g6+ und 11. g7–g8(D) nebst Matt.

6. Ein lehrreiches Beispiel

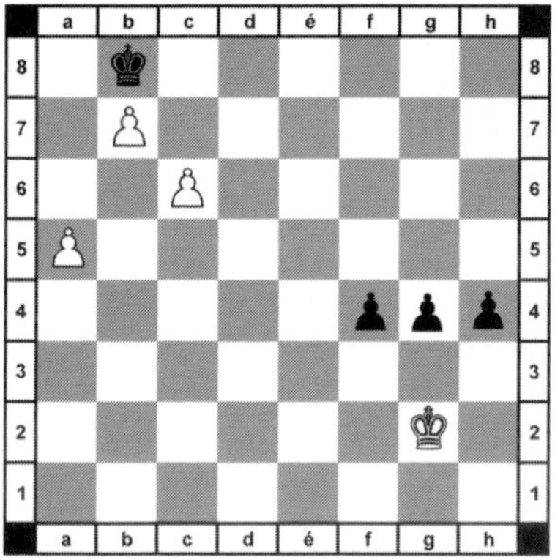

82
Weiß: Kg2, Ba5, b7, c6.
Schwarz: Kb8, Bf4, g4, h4.
Weiß gewinnt.
Endspiel von Johann Behting (1929)

1. Spiel (falsch)

1. a5–a6?	**1. …**

Richtig ist 1. Kg2–g1! (Siehe 2. Spiel.)

1. …	**1. g4–g3!!**

Jetzt folgt nach 2. Kg2–f3, h4–h3!
Oder 2. Kg2–h3, f4–f3!, und Schwarz gewinnt.

2. Kg2–f1(h1)	**2. h4–h3**
3. Kf1–g1	**3. f4–f3!**

Nicht 3. … h3–h2+?; 4. Kg1–h1! =, f4–f3; 5. a6–a7+!, Kb8 × a7; 6. b7–b8(D)+, Ka7 × Db8; 7. c6–c7+, und Schwarz muss durch Kb8 × c7(c8) patt setzen, weil auf Kb8–a7?? 8. c7–c8(D) gewinnt.

4. Kg1–h1	**4. f3–f2!!**

Die einzige Gewinnfortsetzung.

5. a6–a7+	**5. …**

Oder 5. c6–c7+, Kb8 × c7; 6. b7–b8(D)+, Kc7 × Db8; Weiß opfert alle Bauern, um seinem König das Patt zu sichern 7. a6–a7+, Kb8–c7!!

5. …	**5. Kb8 × a7**
6. b7–b8(D)+	**6. Ka7 × Db8**
7. c6–c7+	**7. Kb8–a7!!**
8. c7–c8(D)	**8. f2–f1(T)#**

2. Spiel (richtig)

1. Kg2–g1!	**1. …**

Jeder andere Zug verliert; zum Beispiel 1. Kg2–f2? h4–h3! oder 1. Kg2–h1?, f4–f3!

1. …	**1. Kb8–a7 (c7)**
2. b7–b8(D)+!!	**2. Ka7 × Db8**
3. a5–a6!	**und gewinnt.**

Nach jedem Zug des schwarzen Königs wird ein weißer Bauer in eine Dame umgewandelt. Also 3. … Kb8–c8(c7);

4. a6–a7! Oder 3. … Kb8–a7(a8); 4. c6–c7–c8(D). Wenn ein schwarzer Bauer zieht, geht der weiße König vor ihn. Also 3. … f4–f3; 4. Kg1–f2!
Oder 3. … g4–g3; 4. Kg1–g2!
Bzw. 3. … h4–h3; 4. Kg1–h2!
Danach gehen alle drei schwarzen Bauern wegen Zugzwangs verloren.

7. Der Zugzwang

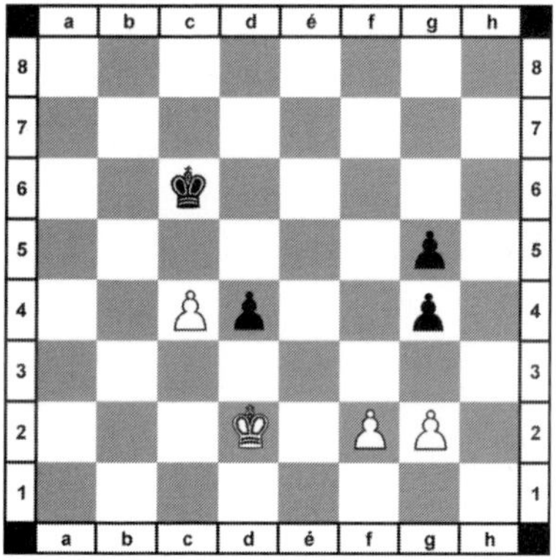

83
Weiß: Kd2, Bc4, f2, g2.
Schwarz: Kc6, Bd4, g4, g5.
Weiß am Zug gewinnt. Schwarz am Zug hält Remis.

1. Kd2–d3!	**1. Kc6–c5**
2. g2–g3!!	**2. …**

Danach gerät Schwarz in Zugzwang. Der König muss den Bauern d4 seinem Schicksal überlassen.

2. …	**2. K~**
3. Kd3×d4	**3. …**

Wir sehen den Nachteil des Doppelbauern. Weiß würde auch ohne den Bauern f2 gewinnen.
Schwarz am Zug spielt:

1. …	**1. g4–g3!**
2. f2–f3	**2. Kc6–d6**

Schwarz hält Fernopposition.

3. Kd2–c2	**3. Kd6–c6**
4. Kc2–d2	**4. Kc6–d6 =**

Falls 5. Kd2–d3?, Kd6–c5!. Weiß im Zugzwang verliert den Bauern c4.

8. Vor- und Nachteil des Doppelbauern

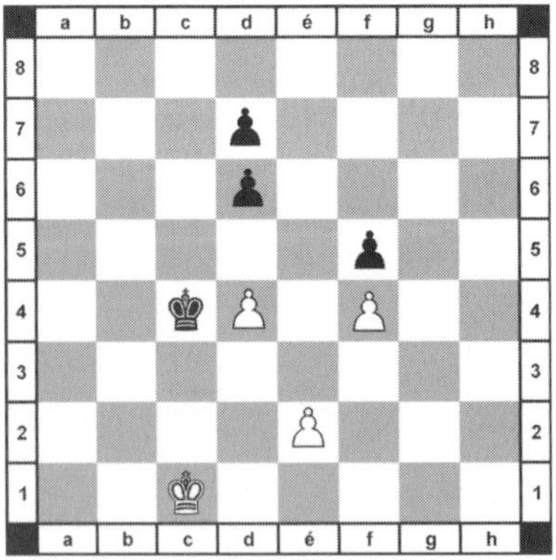

84
Weiß: Kc1, Bd4, é2, f4.
Schwarz: Kc4, Bd6, d7, f5.
Endspiel von J. Kling und B. Horwitz (1851).
Weiß am Zug gewinnt.

1. é2–é4!!	**1. …**

1. Spiel

1. …	**1. f5×é4**
2. f4–f5	**2. Kc4–d3**

Oder Kc4–d5; 3. Kc1–d2! gewinnt.

3. f5–f6	**3. é4–é3**
4. Kc1–d1!	**Weiß gewinnt.**

2. Spiel

1. …	**1. Kc4×d4**
2. é4×f5	**2. Kd4–d5**
3. Kc1–d2	**3. …**

Die Kraft des weißen Doppelbauern: Er verbietet dem schwarzen König die Felder é5 und é6.

Das Elend des schwarzen Doppelbauern: Die beiden Bauern sind durch den eigenen König blockiert und versperren ihm das Feld d6. Schwarz ist im Zugzwang, und nach einem Königszug wird sich der weiße Bauer f5 unaufhaltbar in eine Dame verwandeln.

9. Der gesparte Bauernzug

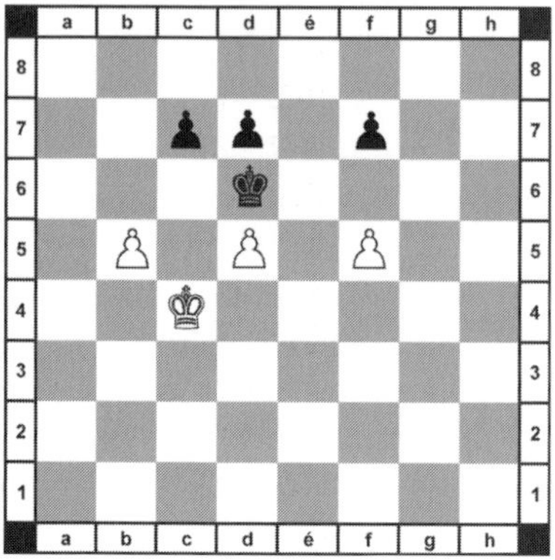

85
Weiß: Kc4, Bb5, d5, f5.
Schwarz: Kd6, Bc7, d7, f7.
Endspiel von Numa Preti (1870).
Weiß am Zug gewinnt.
Schwarz am Zug macht Remis.

1. f5–f6!!	**1. ...**

Nur mit diesem ersparten Bauernzug kann Weiß gewinnen.

1. ...	**1. c7–c6**
2. b5–b6	**2. c6×d5+**
3. Kc4–b5!	**3. ...**

Verbietet dem schwarzen König das Feld c5.

3. ...	**3. d5–d4**
4. Kb5–a6	**4. d4–d3**
5. b6–b7	**5. ...**

Der weiße Bauer wird einen Zug früher umgewandelt, und zwar mit Schach.
Schwarz am Zug zieht:

1. ...	**1. f7–f6!!**

Nun profitiert Schwarz von diesem ersparten Zug.

2. Kc4–d4!	2. c7–c6
3. b5–b6	3. c6×d5
4. b6–b7	4. Kd6–c7
5. Kd4×d5	5. Kc7×b7
6. Kd5–d6	6. Kb7–c8
7. Kd6–é7	7. d7–d5=
8. Ké7×f6	8. d5–d4
9. Kf6–é7	9. d4–d3
10. f5–f6	10. d3–d2
11. f6–f7	11. d2–d1(D)
12. f7–f8(D)+	12. Kc8–c7=

10. Das Bauernquadrat

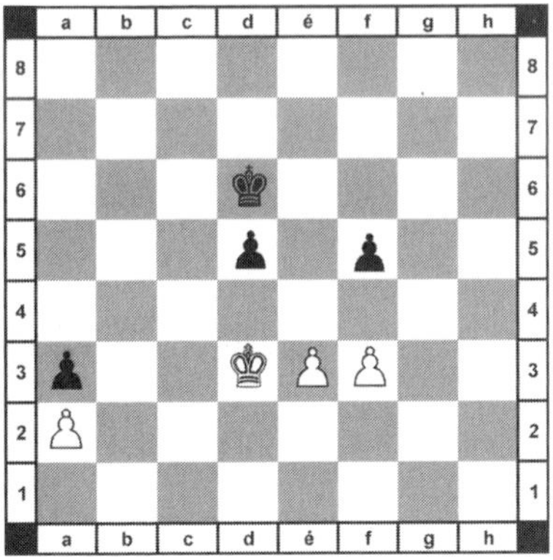

86
Weiß: Kd3, Ba2, é3, f3.
Schwarz: Kd6, Ba3, d5, g5.
Endspiel von Johann Berger (1890).
Remis.

1. Kd3–c3	1. Kd6–é5
2. Kc3–b3	2. d5–d4

Weiß hat zwei Fortsetzungen. Auch 3. é3×d4+ führt zum Remis.

3. é3–é4	3. …

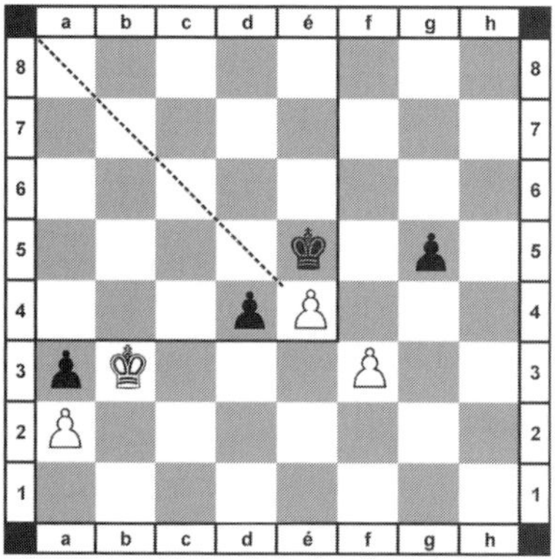

87
Weiß: Kb3, Ba2, é4, f3.
Schwarz: Ké5, Ba3, d4, g5.
Quadrat des weißen Bauern é4.

3. …	3. g5–g4
4. f3×g4!	4. …

Nicht 4. Kb3×a3?, d4–d3!, und Weiß verliert.

4. …	4. Ké5×é4
5. g4–g5	5. Ké4–f5
6. Kb3×a3	6. Kf5×g5
7. Ka3–b4	7. Kg5–f6 =

Mehrere Bauern

1. Der Durchbruch

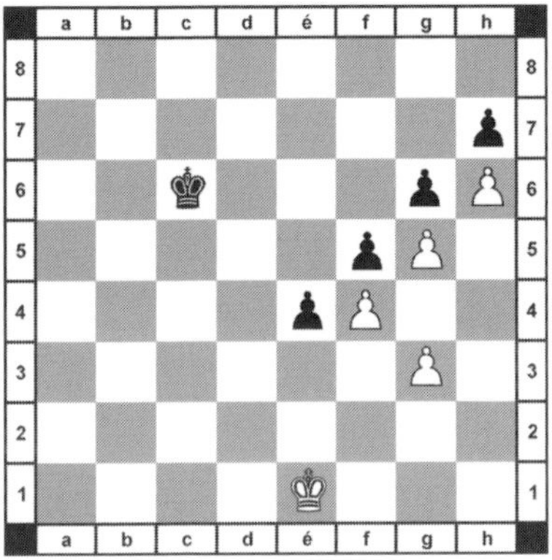

88
Weiß: Ké1, Bg3, f4, g5, h6.
Schwarz; Kc6, Bh7, g6, f5, é4.
Endspiel von Jacques Mieses (1945).
Weiß am Zug gewinnt.

1. g3–g4!!	1. f5 × g4
2. f4–f5!	2. g6 × f5
3. g5–g6!	3. h7 × g6
4. h6–h7	nebst
5. h7–h8(D)	Weiß gewinnt.

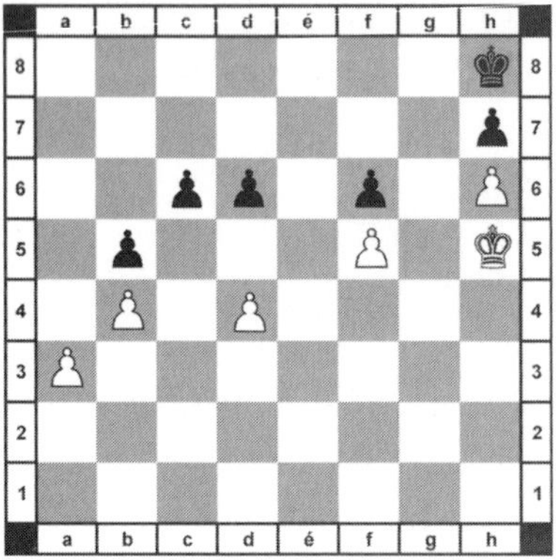

89
Weiß: Kh5, Ba3, b4, d4, f5, h6.
Schwarz: Kh8, Bh7, f6, d6, c6, b5.

1. Spiel (falsch)

1. d4–d5?	**1. c6×d5**
2. a3–a4	**2. …**

Schwarz zog b5×a4?, 3. b4–b5, und Weiß gewann. Richtig war:

2. …	**2. d5–d4!**

Droht Umwandlung mit Schach, noch bevor der weiße Bauer verwandelt.

3. Kh5–g4	**3. d4–d3**
4. Kg4–f3	**4. b5×a4**
5. b4–b5	**5. a4–a3**
6. b5–b6	**6. d3–d2**
7. Kf3–é2	**7. d2–d1(D)+!**

Um den weißen König in die 1. Reihe zu locken.

8. Ké2 × Dd1	**8. a3 – a2**
9. b6 – b7	**9. a2 – a1(D)+**

und Schwarz gewinnt mit Da1–a7.

2. Spiel (richtig)

1. a3 – a4!!	**1. b5 × a4**
2. d4 – d5!	**2. c6 × d5**
3. b4 – b5!	**Weiß gewinnt.**

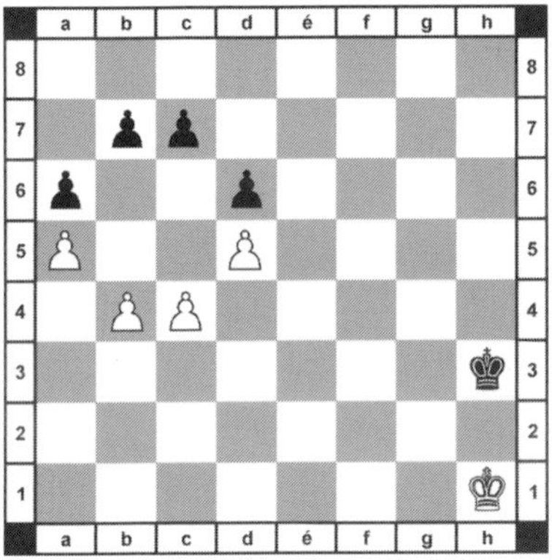

90
Weiß: Kh1, Ba5, b4, c4, d5.
Schwarz: Kh3, Ba6, b7, c7, d6.
Weiß am Zug gewinnt.

1. c4 – c5!	**1. …**

Jeder Bauernzug verliert sofort für Schwarz. Zum Beispiel d6 × c5?; 2. b4 × c5, gefolgt von 3. d5 – d6!
Oder 1. … b7–b6?; 2. a5 × b6! usw.

1. …	**1. Kh3 – g4**
2. b4 – b5!	**2. …**

Weiß droht, mit 3. c5 – c6!, b7 × c6; 4. b5 × a6 zu gewinnen.

2. …	**2. d6×c5**

Falls 2. … a6×b5, so entscheidet 3. c5–c6!.

3. b5–b6	**3. c7×b6**
4. d5–d6	**4. b6×a5**
5. d6–d7	**5. …**

Weiß gewinnt, weil die Umwandlung des Damenbauern nicht verhindert werden kann.

2. Wie Bauern die Dame bezwingen

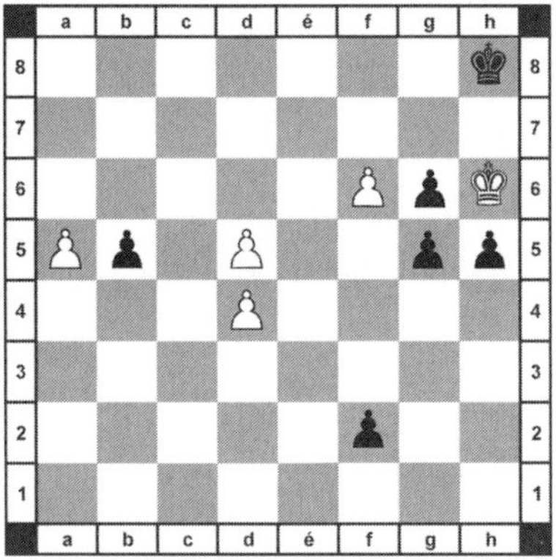

91
Weiß: Kh6, Ba5, d4, d5, f6.
Schwarz: Kh8, Bb5, f2, g5, g6, h5.
Endspiel von F. Sackmann (1913).
Weiß am Zug gewinnt.

1. a5–a6!	**1. f2–f1(D)**
2. a6–a7	**2. …**

Es droht die Umwandlung mit Matt.

2. …	**2. Df1–a1**
3. f6–f7!	**3. …**

Diese zweite Mattdrohung verhindert das Schlagen des Bauern a7.

3. …	**3. Da1–a3!**

Die Dame beherrscht die Umwandlungsfelder beider Bauern: a8 und f8.

4. d5–d6!	**4. …**

Es droht wieder 5. f7–f8(D)#, und falls 4. … Da3 × d6??, dann 5. a7–a8(D)+ nebst unabwendbarem Matt.

4. …	**4. Da3–f3!**

Verhindert die Umwandlung beider Bauern.

5. d4–d5!	**5. …**

Nun droht erneut 6. a7–a8(D)#, und wenn 5. … Df3 × d5??, so 6. f7–f8(D)+, Dd5–g8; 7. a7–a8(D), und Weiß gewinnt. Jetzt ist Schwarz „am Ende seines Lateins“.

5. …	**5. Df3 × f7**
6. a7–a8(D)+	**6. Df7–g8**
7. Da8–a1+!	**7. Dg8–g7+**
8. Da1 × Dg7#	

3. Épaulettenmatt mit einem Bauern

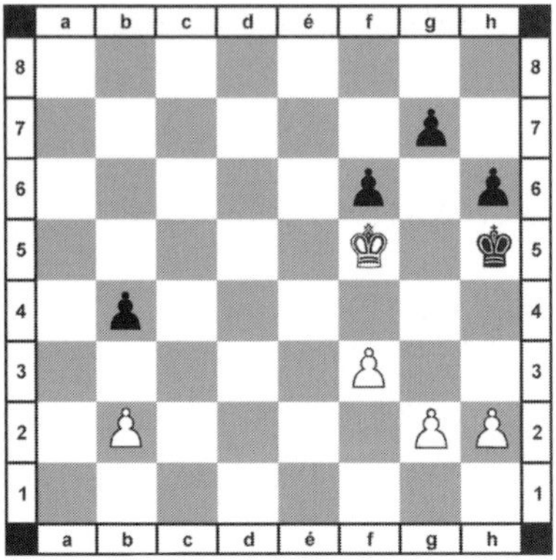

92
Weiß: Kf5, Bb2, f3, g2, h2.
Schwarz: Kh5, Bb4, f6, g7, h6.
Endspiel von Numa Preti (1890).
Weiß am Zug gewinnt

1. g2–g3!	**1. …**

Versperrt das Feld h4 vor dem schwarzen König.

1. …	**1. g7–g6+**

Ein besserer Zug ist nicht ersichtlich.

2. Kf5 × f6	**2. g6–g5**
3. Kf6–f5!	**3. …**

Der weiße König geht in Opposition.

3. …	**3. b4–b3**

Schwarz ist im Zugzwang.

4. h2–h4!!	**4. g5 × h4**
5. g3–g4#	

Oder 4. … g5–g4; 5. f3 × g4#.
Das war der kürzeste Gewinn. Möglich ist auch die Eroberung des schwarzen Isolani auf b4. Es würde aber mehr als 20 Züge dauern.

4. Der starke Doppelbauer

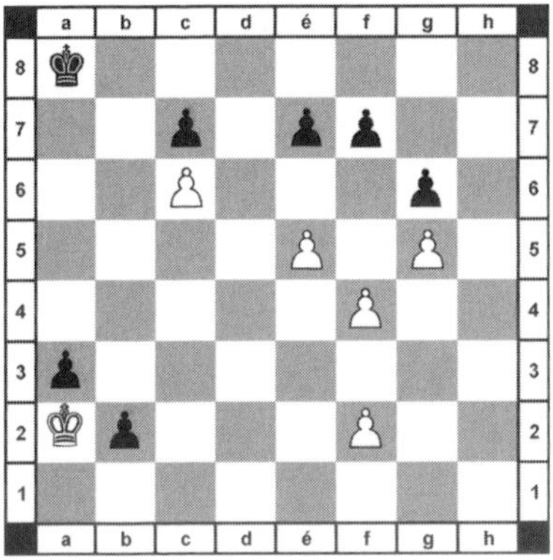

93
Weiß: Ka2, Bc6, é5, f2, f4, g5.
Schwarz: Ka8, Ba3, b2, c7, é7, f7, g6.
Endspiel von Johann Berger (1889).
Weiß am Zug gewinnt.

1. f4–f5!	**1. é7–é6!**

Nach einem anderen Zug des Nachziehenden würde Weiß mit 2. é5–é6 fortsetzen.

2. f5 × é6	**2. f7 × é6**
3. f2–f4	**3. Ka8–b8**
4. f4–f5!!	**4. é6 × f5**

Oder g6 × f5; 5. g5–g6, und Weiß gewinnt.

5. é5–é6	**5. Kb8–c8**
6. é6–é7!	**Weiß gewinnt**

Man beachte, wie die beiden weißen Bauern die Felder d8 und d7 gemeinsam beherrschen.

5. Die Unterumwandlung

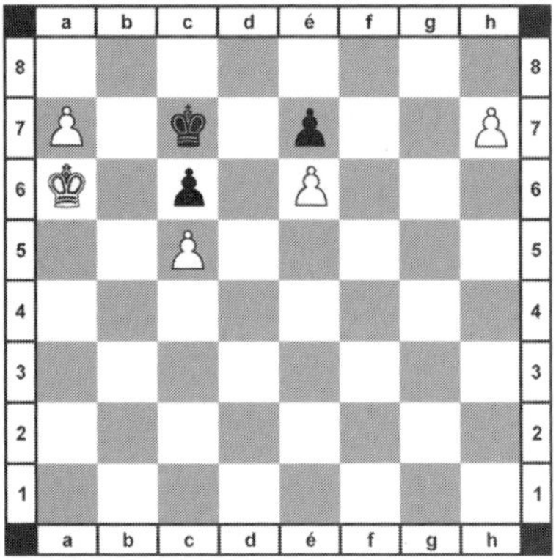

94
Weiß: Ka6, Ba7, c5, é6, h7.
Schwarz: Kc7, Bc6, é7.
Weiß setzt im zweiten Zug matt.

Natürlich nicht 1. a7–a8(D) oder (T)?? = Patt.
Auch nicht 1. h7–h8(D) oder (T)?? = Patt.

1. a7–a8(S)+!!	**1. Kc7–b8**
2. h7–h8(T)#	

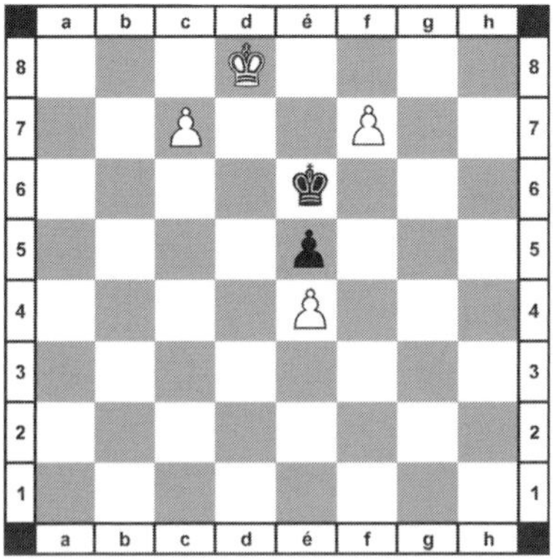

95
Weiß: Kd8, Bc7, f7, é4.
Schwarz: Ké6, Bé5.
Weiß setzt im dritten Zug matt.

Freilich nicht 1. f7–f8(D)?? Patt.

1. f7–f8(T)!!	**1. Ké6–d6**

Jetzt wieder nicht 2. c7–c8(D)??=.

2. c7–c8(T)!!	**2. Kd6–é6**
3. Tc8–c6#	

6. Der schädliche Bauer

Es kommt oft vor, dass der eigene Bauer die Bahn des Königs verrammelt.

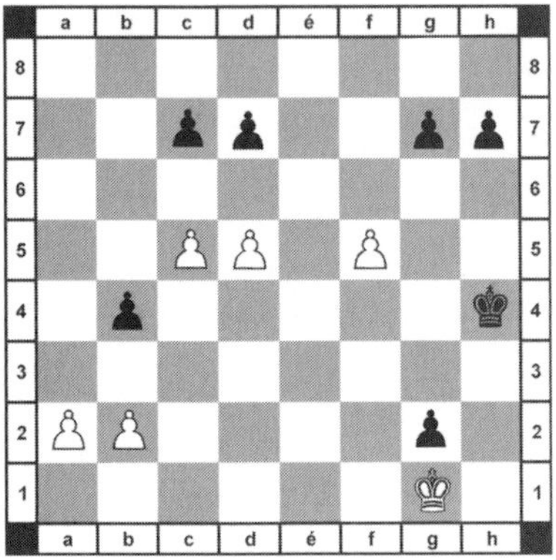

96
Weiß: Kg1, Ba2, b2, c5, d5,f5.
Schwarz: Kh4, Bb4, c7, d7, g2, g7, h7.
Endspiel von Alexej A. Troitzky (1913).
Weiß am Zug gewinnt.

1. Spiel (falsch)

1. a2–a4?	1. Kh4–g3!
2. a4–a5	2. h7–h5
3. a5–a6	3. h5–h4
4. a6–a7	4. h4–h3
5. a7–a8(D)	5. h3–h2#

2. Spiel (falsch)

1. Kg1×g2?	1. Kh4–g5
2. a2–a4	2. b4×a3 e.p.
3. b2×a3	3. Kg5–f6
4. a3–a4	4. Kf6–é7

5. a4–a5	**5. Ké7–d8**
6. a5–a6	**6. Kd8–c8**
7. a6–a7	**7. Kc8–b7**

Schwarz gewinnt nicht nur den Bauern, sondern auch das Spiel.

3. Spiel (richtig)

1. f5–f6!!	**1. g7 × f6**

Das Bauernopfer lenkt den schwarzen Bauern in die Bahn des Königs, so dass der Herrscher zu Umwegen genötigt wird, falls er das Feld d8 erreichen will.

2. Kg1 × g2	**2. Kh4–g5**
3. a2–a4	**3. b4 × a3 e.p.**
4. b2 × a3	**4. Kg5–f5**
5. a3–a4	**5. Kf5–é5**

Falsch wäre an dieser Stelle 6. a4–a5?, Ké5 × d5.
Oder 6. c5–c6?, d7–dG!, gefolgt von 7. Kc5 × d5, und Schwarz gewinnt in beiden Fällen.

6. d5–d6!!	**6. c7 × d6**

Nicht c7–c6?; 7. a4–a5, Ké5–d5; 8. a5–a6, und Weiß gewinnt.

7. c5–c6!!	**7. d7 × c6**

Diese Stellung wollte Weiß mit seinem Bauernopfer erreichen: Nun bilden beide schwarze Bauern ein Hindernis in der Bahn ihres eigenen Königs.

8. a4–a5	**8. …**

Der weiße Bauer erreicht ohne Hindernis das Umwandlungsfeld, und der Anziehende gewinnt.

7. Ein tolles Endspiel

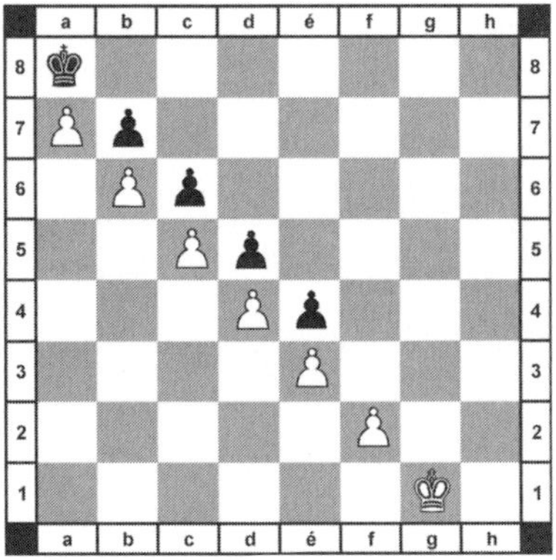

97
Weiß: Kg1, Bf2, é3, d4, c5, b6, a7.
Schwarz: Ka8, Bb7, c6, d5, é4.
Stellung aus der Schachzeitschrift „Le Palamède“ (1867).
Weiß am Zug gewinnt.

Es ist Vorsicht angebracht, da Schwarz patt gestellt ist. So unnatürlich diese Stellung erscheint, ist die Kombination doch für die Spielpraxis lehrreich.

1. f2–f3! — 1. é4×f3
2. Kg1–f1!! — 2. f3–f2
3. é3–é4! — 3. d5×é4
4. Kf1×f2 — 4. é4–é3+
5. Kf2–é1 — 5. é3–é2
6. d4–d5 — 6. c6×d5
7. Ké1×é2 — 7. d5–d4
8. Ké2–d2 — 8. d4–d3

9. c5–c6!	9. b7×c6
10. Kd2×d3	10. Ka8–b7

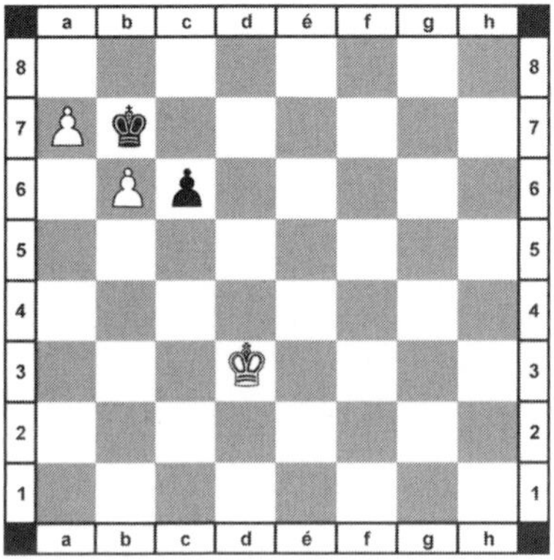

98
Weiß: Kd3, Ba7, b6.
Schwarz: Kb7, Bc6

Es ist die Aufgabe des weißen Königs, den Gewinn zu erzwingen.

11. Kd3–c4	11. Kb7–a8
12. Kc4–c5	12. Ka8–b7
13. Kc5–d6	13. c6–c5
14. a7–a8(D)+!!	14. Kb7×Da8
15. Kd6–c7!	15. c5–c4
16. b6–b7+	16. Ka8–a7
17. b7–b8(D)+	17. Ka7–a6
18. Db8–b6#	

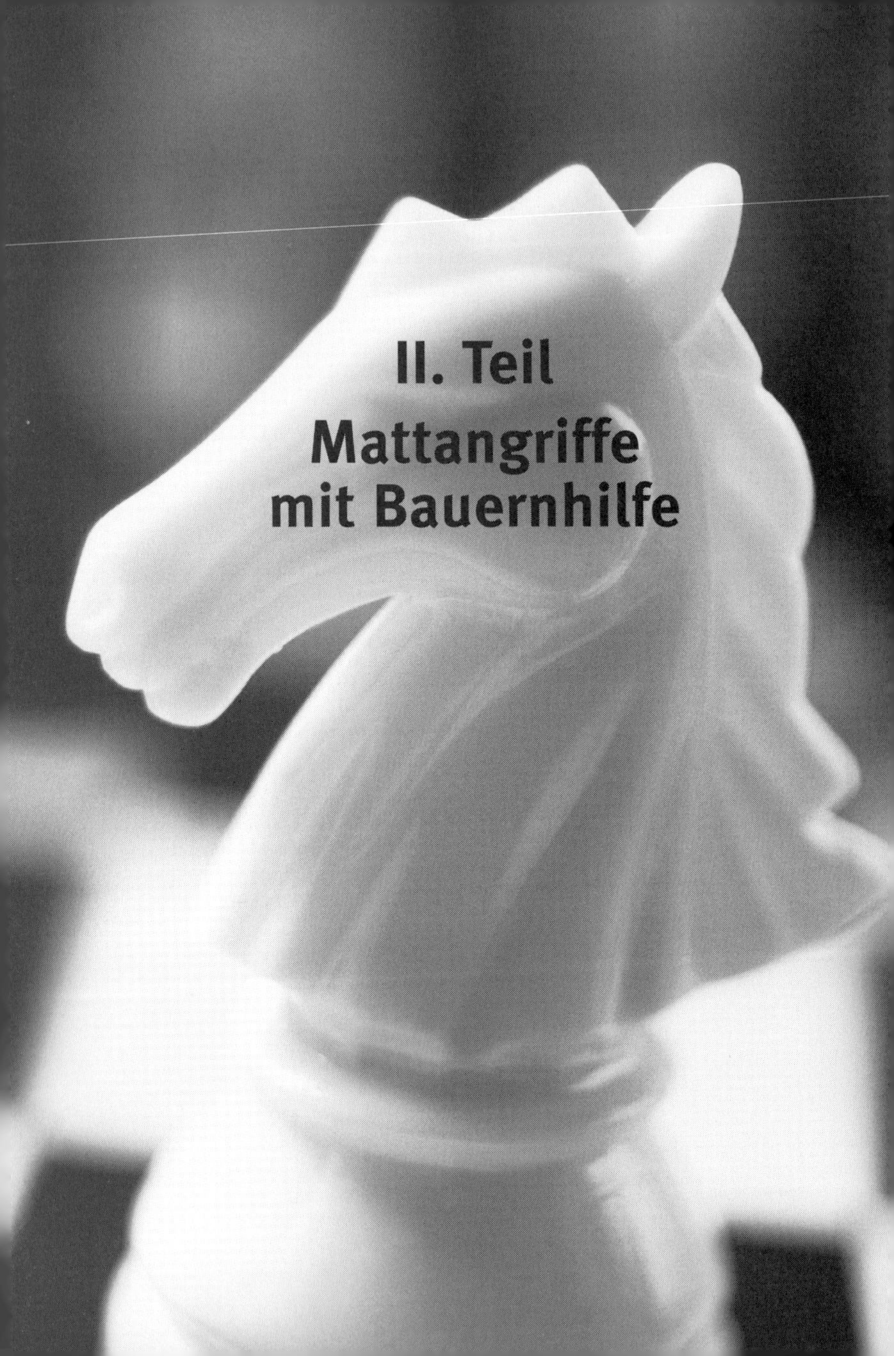

II. Teil
Mattangriffe mit Bauernhilfe

Bauernmatt mit Figuren

1. Das Springer-Bauernmatt

1. Partie

Weiß: Balaschkow — Schwarz: K. Grigorjan

Riga, 1965

1. é2–é4	**1. Sg8–f6**
2. é4–é5	**2. Sf6–d5**
3. Sg1–f3	**3. ...**

Folgerichtig wäre 3. c2–c4, Sd5–b6; 4. d2–d4.

3. ...	**3. d7–d6**
4. Lf1–c4	**4. Sd5–b6?**

Notwendig war é7–é6.

5. Lc4 × f7+!!	**5. Ké8 × Lf7**
6. Sf3–g5+	**6. Kf7–g8**

Nicht besser ist Kf7–é8; 7. é5–é6, Lc8 × é6; 8. Sg5 × Lé6, Dd8–c8; 9. Sé6–g5.

7. Dd1–f3	**7. Dd8–é8**
8. é5–é6	**8. h7–h6?**

Unentbehrlich war das Figurenopfer Lc8 × é6.

9. Df3–f7!!	**9. Dé8 × Df7**
10. é6 × Df7#	

2. Partie

Weiß: Dr. Max Lange Schwarz: N. N.

Weiß	Schwarz
1. é2–é4	**1. é7–é5**
2. Sg1–f3	**2. Sb8–c6**
3. Lf1–c4	**3. Sg8–f6!?**
4. d2–d4	**4. é5 × d4**
5. 0–0	**5. Lf8–c5**

Zweischneidig und riskant ist die Variante Sf6 × é4!?; 6. Tf1–é1.

Weiß	Schwarz
6. é4–é5	**6. d7–d5**
7. é5 × Sf6	**7. d5 × Lc4**
8. Tf1–é1+	**8. Lc8–é6**
9. Sf3–g5	**9. …**

Oder 9. f6 × g7, Th8–g8; 10. Lc1–g5.

Weiß	Schwarz
9. …	**9. Dd8–d5!**
10. Sb1–c3	**10. …**

Nicht zu empfehlen wäre 10. f6 × g7, Th8–g8; 11. Sg5 × h7, Lc5–é7!

Weiß	Schwarz
10. …	**10. Dd5–f5**
11. Sc3–é4	**11. Lc5–f8?**

Nach dem Textzug erhält Weiß einen starken Angriff. Sicherer ist 0–0–0.

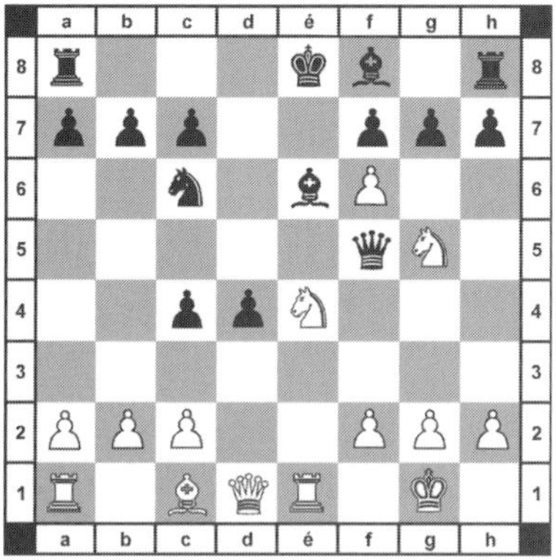

99

12. Sg5 × f7	**12. Ké8 × Sf7**
13. Sé4 – g5+	**13 Kf7 – g8**
14. g2 – g4!	**14. Df5 × g4+??**

Unentbehrlich war Df5 – g6!

15. Dd1 × Dg4	**15. Lé6 × Dg4**
16. f6 – f7#	

3. Partie

Weiß: I. Kashdan Schwarz: B. Horneman

Manhattan 1930

1. é2 – é4	**1. é7 – é6**
2. d2 – d4	**2. d7 – d5**
3. é4 – é5	**3. …**

Am häufigsten wird hier 3. Sb1 – c3 gespielt. Der Textzug engt den Gegner ein.

3. …	**3. c7–c5!**
4. Dd1–g4	**4. …**

Andere Möglichkeiten sind: 4. c2–c3, 4. d4×c5 oder 4. Sg1–f3. Weiß ist bestrebt, den Vorposten é5 zu behalten.

4. …	**4. c5×d4**
5. Sg1–f3	**5. Sg8–h6**
6. Dg4–h3	**6. Lf8–é7**
7. Lf1–d3	**7. b7–b6**
8. Dh3–g3	**8. Sh6–f5**
9. Ld3×Sf5	**9. é6×Lf5**

Nach diesem Abtausch ist der Bauer g7 ungedeckt.

10. Dg3×g7	**10. Th8–f8**
11. Sf3×d4	**11. Lc8–a6?**

Gibt den Schutz des Bauern f5 auf.

12. Sd4×f5	**12. Sb8–d7**
13. Lc1–g5	**13. f7–f6!**
14. é5–é6!!	**14. …**

Das Vorspiel zu einem doppelten Figurenopfer.

14. …	**14. f6×Lg5**
15. Dg7–g6+!!	**15. h7×Dg6**
16. Sf5–g7#	

4. Partie

Weiß: F. Göbl Schwarz: Jonas

Augsburg 1926

1. é2–é4 **1. Sg8–f6**
2. Sb1–c3 **2. d7–d5**

Stärker war wohl é7–é5.

3. é4–é5 **3. Sf6–d7?**

Richtig war d5–d4!. Der Textzug ermöglicht ein zwar nahe liegendes, doch wirksames Opfer.

4. é5–é6!! **4. f7×é6**

und Schwarz steht sehr unbequem.

5. d2–d4 **5. …**

Weiß hat ein leichtes Spiel. Nur muss er sorgen, dass die Blockade des Bauern é7 aufrechterhalten bleibt.

5. … **5. Sd7–f6?**

Das richtige Spiel war c7–c5!; 6. Sg1–f3, Sb8–c6!

6. Lc1–f4 **6. c7–c6**
7. Sg1–f3 **7. Sb8–d7**
8. Lf1–d3 **8. c6–c5?**

Nun ist es ein offensichtlicher Tempoverlust.

9. Sf3–g5 **9. Dd8–b6**

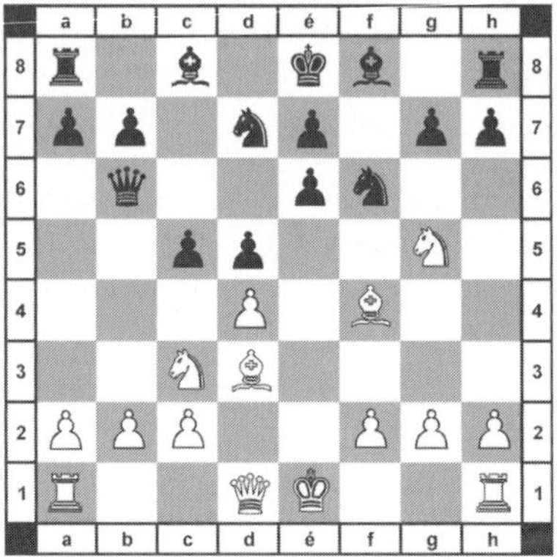

100

10. Sc3–b5	**10. …**

Es droht 11. Sb5–c7+.

10. …	**10. é6–é5**
11. d4×é5	**11. c5–c4**
12. é5×Sf6	**12. Db6×Sb5**

Oder c4×Ld3; 13. f6–f7+, Ké8–d8; 14. Lf4–c7+!! erobert die Dame.

13. f6–f7+	**13. Ké8–d8**
14. Sg5–é6#	

5. Partie

Weiß: M. Weiss — Schwarz: Emil Schallop

1. é2–é4	**1. é7–é5**
2. Sg1–f3	**2. Sb8–c6**
3. Lf1–b5	**3. a7–a6**
4. Lb5–a4	**4. Sg8–f6**
5. Sb1–c3?	**5. …**

Nützlicher war 5. c2–c3.

5. …	**5. Lf8–c5**

Besser ist Lf8–é7.

6. 0–0	**6. b7–b5**
7. La4–b3	**7. d7–d6**
8. d2–d3	**8. …**

Hier sollte 8. a2–a4 geschehen.

8. …	**8. Lc8–g4**
9. Sc3–é2?	**9. …**

Zuerst sollte er 9. Lc1–é3 spielen.

9. …	**9. Dd8–d7**
10. Sé2–g3	**10. …**

Der gegebene Zug war 10. c2–c3.

10. …	**10. Sc6–d4**
11. c2–c3	**11. Lg4 × Sf3**
12. g2 × Lf3	**12. Sd4 × Lb3**
13. a2 × Sb3	**13. …**

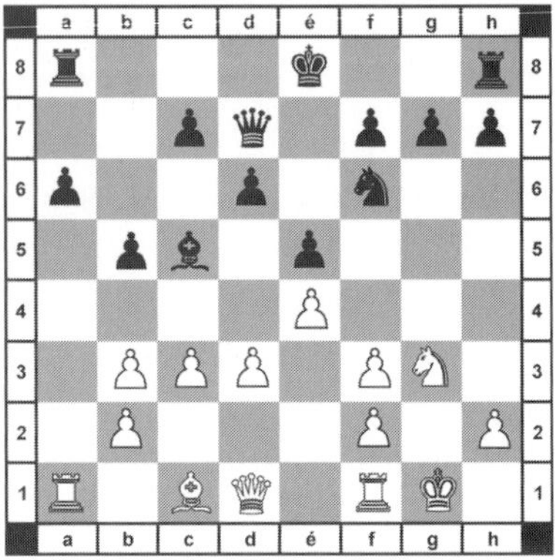

101

Die Bauernverdoppelung ist hier nicht schädlich.

13. …	**13. h7–h5!**

Unverzüglicher Angriff gegen den weißen Königsflügel.

14. Lc1–é3?	**14. …**

Notwendig war das Manöver 14. Sg3–f5–é3.

14. …	**14. h5–h4**
15. Sg3–é2	**15. Dd7–h3**
16. Sé2–c1?	**16. …**

Besser war 16. d3–d4.

16. …	**16. g7–g5**

Jetzt würde auf Lé3 × g5, Th8–g8 gewinnen.

17. Kg1–h1	**17. g5–g4**
18. Tf1–g1	**18. Lc5 × Lé3**
19. f2 × Lé3	**19. g4 × f3**
20. Dd1–f1	**20. Sf6–g4!!**
21. Df1 × Dh3	**21. Sg4–f2#**

2. Das Läufer-Bauernmatt

a) Ein Läufer und ein Bauer

6. Partie

Weiß: M. Decon Schwarz: N. N

1. é2–é4	**1. é7–é5**
2. d2–d4	**2. é5 × d4**
3. Lf1–c4!?	**3. …**

Sicherer ist 3. Dd1 × d4, Sb8–c6; 4. Dd4–é3!.

3. …	**3. Lf8–c5**
4. Lc4 × f7+!!	**4. …**

Weiß gewinnt den geopferten Läufer sofort zurück.

4. …	**4. Ké8–f8**

Nach dem besseren Ké8 × Lf7 folgt 5. Dd1–h5+ und 6. Dh5 × Lc5.

5. Lf7–b3	**5. Sg8–f6**
6. é4–é5!	**6. Dd8–é7**

Fesselt den weißen Bauern und verhindert so é5 × Sf6.

7. Dd1–é2	**7. Sf6–é8**
8. Sg1–f3	**8. d7–d6?**

Schlecht. Besser war h7–h6.

9. Lc1–g5	**9. Dé7–d7**
10. é5–é6!	**10. Dd7–c6**
11. é6–é7#	

b) Ein Läufer und zwei Bauern

7. Partie

1. é2–é4	**1. é7–é5**
2. f2–f4!?	**2. é5×f4**
3. Sg1–f3	**3. g7–g5**
4. Lf1–c4	**4. g5–g4**
5. Sf3–é5?!	**5. …**

Danach kommt ein vernichtendes Damenschach. Besser ist es, mit 5. 0–0 den Springer zu opfern.

5. …	**5. Dd8–h4+**
6. Ké1–f1	**6. Lf8–g7**

Schwarz hat noch andere gute Züge, wie Sb8–c6, Sg8–f6, f4–f3.

7. Sé5×f7	**7. …**

Nach 7. Lc4×f7+?!, Ké8–f8 verlöre Weiß eine Figur.

7. …	**7. d7–d5!**
8. Lc4×d5	**8. Lg7–d4**

Es droht jetzt Dh4–f2#.

9. Dd1–é1?	**9. g4–g3**

Mit 9. Dd1–é2! könnte Weiß die Lage meistern.

10. h2–h3	**10. …**

Natürlich nicht 10. h2×g3??, Dh4×Th1+; 11. Kf1–é2, Lc8–g4+ und Weiß verliert die Dame.

10. …	**10. f4–f3**
11. Sf7×Th8??	**11. …**

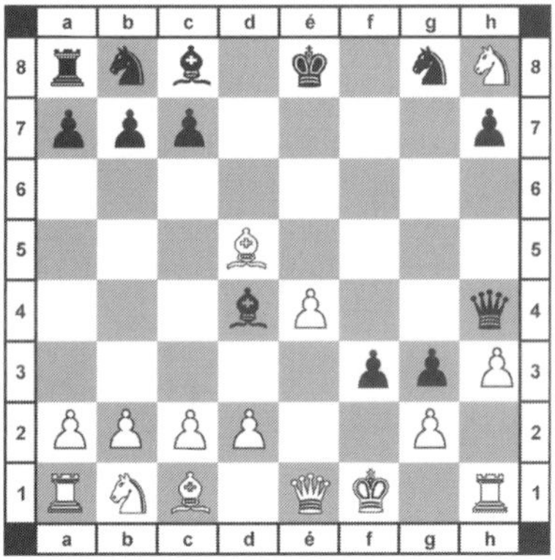

102

11. …	**11. Lc8×h3!!**
12. Th1×Lh3	**12. Dh4×Th3!!**
13. g2×Dh3	**13. g3–g2#**

c) Zwei Läufer und ein Bauer

8. Partie

Weiß: M. Rafael Schwarz: N. N.

1. é2–é4 **1. c7–c5**
2. f2–f4 **2. …**

Stärker ist an dieser Stelle 2. Sg1–f3, Sb8–c6; 3. d2–d4.

2. … **2. é7–é5?**

Schwächt die Stellung. Es entstehen Löcher auf d6 und d5. Vorsichtiger war é7–é6.

3. Sg1–f3 **3. Sb8–c6**
4. Lf1–c4 **4. d7–d6**
5. d2–d3 **5. Lc8–g4**
6. 0–0 **6. Sc6–d4?**

Schwach. Bessere Verteidigungen sind Lf8–é7 oder Sg8–f6.

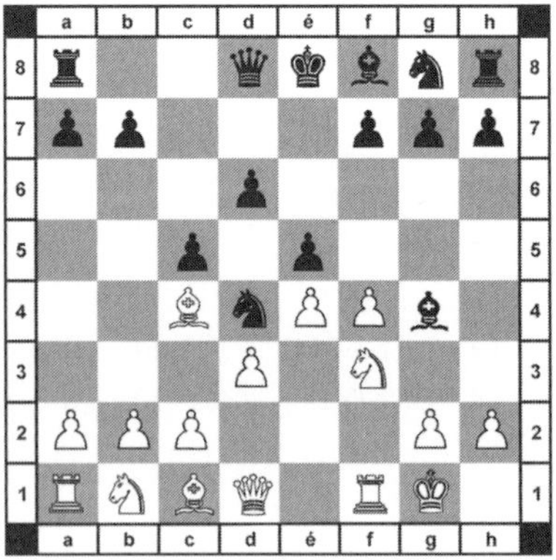

103

7. Lc4×f7+!!	**7. Ké8–é7**

Wenn Ké8×Lf7, so 8. Sf3–g5+ nebst 9. Dd1×Lg4.

8. f4×é5	**8. Lg4×Sf3**
9. Lc1–g5+	**9. Ké7–d7**
10. é5–é6+	**10. Kd7–c6**
11. Lg5×Dd8	**11. Lf3×Dd1**
12. Lf7–é8#	

9. Partie

Weiß: Dr. A. Aljechin   Schwarz: Dr. Forrester

Glasgow 1923

1. é2–é4	**1. é7–é5**
2. Sg1–f3	**2. Sb8–c6**
3. Lf1–b5	**3. a7–a6**
4. Lb5–a4	**4. Sg8–f6**
5. Sb1–c3	**5. …**

Üblich ist hier 5. c2–c3.

5. …	**5. Lf8–c5**
6. Sf3×é5	**6. Sc6×Sé5**
7. d2–d4	**7. Lc5–b4**

Stärker ist Lc5–d6.

8. d4×Sé5	**8. Sf6×é4**
9. Dd1–d4	**9. Sé4×Sc3**
10. b2×Sc3	**10. Lb4–a5?**

Richtig war an dieser Stelle Lb4–é7!.

11. Lc1–a3!	**11. …**

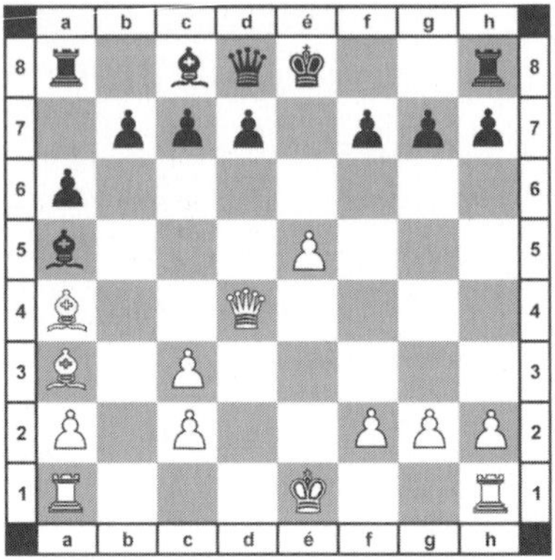

104

11. …	**11. b7–b6**

Die Vorbereitung zum c7–c5.

12. é5–é6!	**12. …**

Es droht sowohl 13. é6–é7! wie auch 13. Dd4 × g7.

12. …	**12. Dd8–f6**
13. La4 × d7+!!	**13. Ké8–d8**
14. Ld7–c6(+)!!	**14. Df6 × Dd4**
15. é6–é7#	

10. Partie

Weiß: S. Niemzowitsch Schwarz: N. N.

Riga 1899

1. é2–é4	**1. é7–é5**
2. f2–f4!?	**2. é5 × f4**
3. Sg1–f3	**3. g7–g5**
4. Lf1–c4	**4. g5–g4**
5. 0–0	**5. g4 × Sf3**
6. Dd1 × f3	**6. Dd8–f6**
7. d2–d3	**7. …**

Üblich ist hier 7. é4–é5.

7. …	**7. Lf8–g7**
8. Sb1–c3	**8. Sb8–c6**
9. Lc1 × f4	**9. Sc6–d4**

Doppelangriff gegen die Dame und den Bauern c2. Geistreich verteidigt Weiß beide Drohungen.

10. Df3–f2!	**10. d7–d6**
11. Sc3–d5	**11. Df6–d8**
12. é4–é5	**12. c7–c6**

Die schwarzen Figuren sind zurückgetrieben, und sein Spiel ist hoffnungslos.

13. Lf4–g5	**13. Dd8–d7**

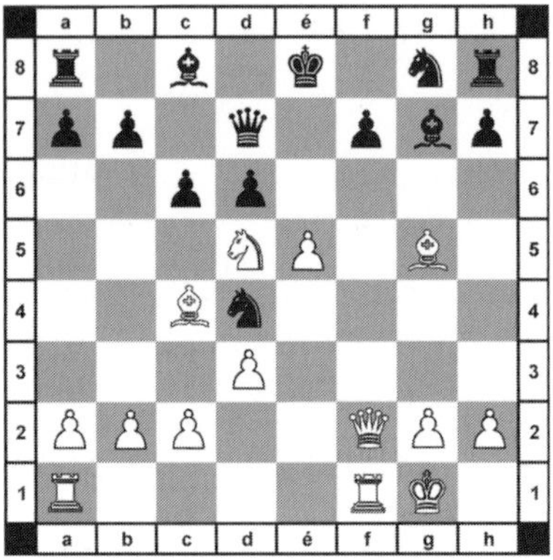

105

14. Sd5–c7+!!	**14. Dd7 × Sc7**
15. Lc4 × f7+	**15. Ké8–d7**
16. Df2–f5+!!	**16. Sd4–Df5**
17. é5–é6#	

11. Partie

Weiß: N. N. Schwarz: David Janowski

1. é2–é4	**1. é7–é5**
2. f2–f4!?	**2. d7–d5!?**
3. Sg1–f3	**3. …**

Gewöhnlich spielt man hier 3. é4 × d5, é5–é4!

3. …	**3. d5 × é4**
4. Sf3 × é5	**4. Lf8–c5?**

Bessere Erwiderungen sind Lf8–d6 oder Sb8–c6(d7).

5. Sb1–c3 **5. Sg8–f6**
6. Dd1–é2? **6. …**

Mehr Wert hat 6. Lf1–c4!

6. … **6. Sb8–c6**
7. Sé5 × f7? **7. …**

Mit der Absicht, falls Schwarz das Opfer annimmt: Ké8 × Sf7, dann 8. Dé2–c4+ nebst 9. Dc4 × Lc5 die geopferte Figur zurückgewinnen.

7. … **7. Dd8–é7**
8. Sf7 × Th8 **8. Sc6–d4**
9. Dé2–d1 **9. Sd4–f3+!!**
10. g2 × Sf3 **10. é4 × f3(+)**
11. Lf1–é2 **11. f3–f2+**
12. Ké1–f1 **12. Lc8–h3#**

3. Das Turm-Bauernmatt

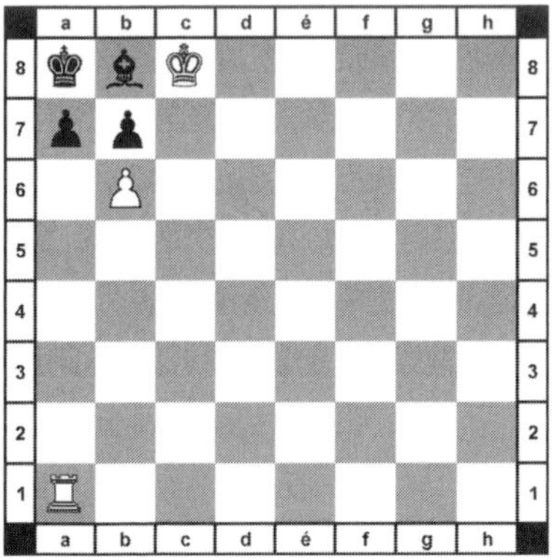

106
Weiß: Kc8, Ta1, Bb6.
Schwarz: Ka8, Lb8, Ba7, b7.
Schachrätsel von Paul Morphy (1858).
Weiß zieht und setzt im zweiten Zug Matt.

1. Ta1–a6!!	**1. b7 × Ta6**
2. b6 – b7#	

Oder 1. … Lb8 zieht, 2. Ta6 × a7#.

12. Partie

Weiß: Lyonel Kieseritzki Schwarz: N. N.

1. é2 – é4	**1. é7–é5**
2. f2 – f4!?	**2. é5 × f4**
3. Sg1–f3	**3. g7–g5!?**
4. Lf1–c4	**4. …**

Stattdessen käme auch die Sprengung 4. h2 – h4! in Betracht.

4. …	**4. g5 – g4**

Besser ist Lf8 – g7! mit Verzicht auf den Figurengewinn.

5. 0 – 0!!	**5. g4 × Sf3**
6. Dd1 × f3	**6. Dd8 – é7?**

Die gebräuchlichste Entgegnung ist Dd8 – f6!
Der Textzug droht mit Dé7–c5+, die geopferte Figur zurückzugewinnen (Dc5 × Lc4).

7. d2 – d4	**7. …**

Versperrt das Feld c5 vor der schwarzen Dame. Sicherer ist jedoch 7. d2 – d3.

7. …	**7. Sb8 – c6**
8. Df3 × f4!	**8. …**

Notwendig war 8. Sb1–c3!

8. …	**8. Lf8–h6?**

Bescheidener, aber günstiger wäre Lf8–g7.

9. Df4 × c7	**9. Lh6 × Lc1**
10. Lc4 × f7+	**10. Dé7 × Lf7**
11. Tf1 × Df7	**11. Ké8 × Tf7**
12. Sb1–c3	**12. Lc1 × b2**
13. Ta1–f1+	**13. …**

Durch dieses Zwischenschach rettet Weiß seine bedrohten Figuren.

13. …	**13. Kf7–é8**
14. d4–d5	**14. Sc6–d4?**

Mit Lb2 × Sc3!; 15. d5 × Sc6, b7 × c6 könnte Schwarz in Vorteil kommen.

15. d5–d6!	**15. Lb2 × Sc3**
16. Dc7–d8+!!	**16. Ké8 × Dd8**
17. Tf1–f8#	

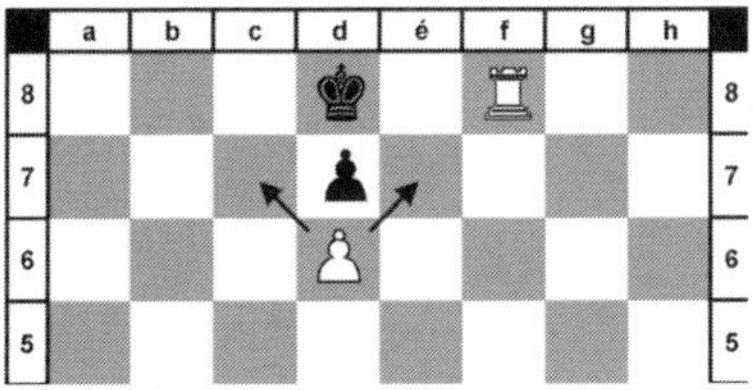

107
Weiß: Tf8, Bd6.
Schwarz: Kd8, Bd7.

Damianos Bauer

13. Partie

F. J. Marshall — Beratende

Weiß spielte ohne Ansicht des Brettes.

1. é2–é4	**1. é7–é5**
2. Sg1–f3	**2. Sb8–c6**
3. Lf1–b5	**3. Sg8–f6**
4. 0–0	**4. Sf6×é4**
5. d2–d4	**5. Lf8–é7**
6. d4×é5	**6. …**

Der Modezug ist hier zurzeit 6. Dd1–é2.

6. …	**6. 0–0**
7. Dd1–d5	**7. Sé4–c5**
8. Lc1–é3	**8. Sc5–é6**
9. Sb1–c3	**9. Dd8–é8**

Jetzt oder im nächsten Zug ist die Befreiung der schwarzen Stellung durch 9. … f7–f6! absolut notwendig.
Nach dem unbeholfenen Textzug ziehen Gewitterwolken über den schwarzen Königsflügel.

10. Ta1–é1	**10. b7–b6**
11. Dd5–é4!	**11. Lc8–b7**
12. Sc3–d5	**12. Ta8–b8**
13. Lb5–d3	**13. …**

Es droht Damenmatt auf h7.

13. …	**13. g7–g6**

Dadurch entstehen Löcher auf f6 und h6. Doch ist etwas Besseres nicht ersichtlich.

14. Sd5–f6+	**14. …**

Vorzuziehen war die Bedrohung mit Qualitätsgewinn durch 14. Lé3–h6, Sé6–g7; 15. Sd5–f6+, Lé7 × Sf6; 16. é5 × Lf6.

14. …	**14. Lé7 × Sf6**
15. é5 × Lf6	**15. …**

Der vorgepreschte Bauer nimmt eine bedrohliche Angriffsstellung ein und beherrscht die Felder g7 und é7.

15. …	**15. Sc6–d4**
16. Dé4–h4!	**16. Sd4 × Sf3+**

Oder 16. … Lb7 × Sf3; 17. Lé3 × Sd4.

17. g2 × Sf3	**17. Dé8–d8**
18. Lé3–g5	**18. …**

Nun droht 19. Dh4–h6 nebst Opfer 20. Té1 × Sé6.

18. …	**18. Kg8–h8**

Die andere Möglichkeit ist Sé6 × Lg5; 19. Dh4 × Sg5, Tf8–é8; 20. Té1–é7!, Té8 × Té7; 21. f6 × Té7, Dd8–é8; 22. Dg5–f6 mit Gewinnstellung.

19. f3–f4	**19. …**

Öffnet die dritte Reihe für den Turm.

19. …	**19. Tf8–g8**
20. Té1–é3!	**20. …**

Es droht 21. Dh4 × h7+!!, Kh8 × Dh7; 22. Té3–h3#.

20. …	**20. Sé6–f8**

Falls 20. … h7–h5; 21. Té3–h3 mit der Drohung Dh4 × h5+!!

21. Tf1–é1	**21. c7–c5**
22. Té3–h3	**22. c5–c4**
23. Té1–é3!	**23. c4 × Ld3**

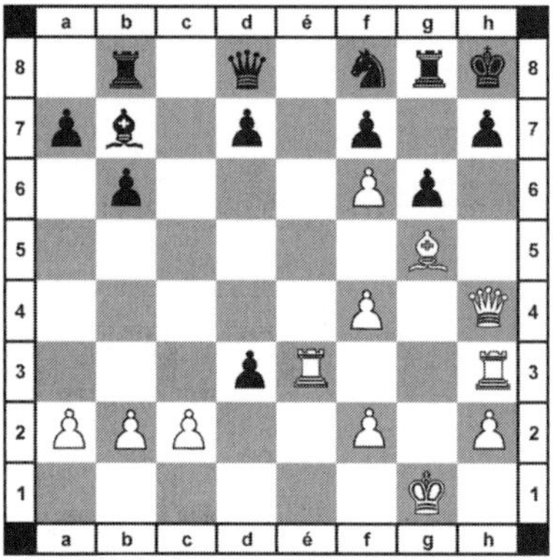

108

Es gibt keine Rettung mehr. Weiß kündigt Matt in drei Zügen an:

24. Dh4 × h7+!!	**24. Sf8 × Dh7**
25. Th3 × Sh7+!!	**25. Kh8 × Th7**
26. Té3–h3#	

4. Das Dame-Bauernmatt

14. Partie

1. é2–é4	**1. Sg8–f6**
2. é4–é5	**2. Sf6–d5**
3. d2–d4	**3. d7–d6**
4. Sg1–f3	**4. g7–g6?**

Minderwertig. Richtig ist Lc8–g4.

5. Sf3–g5	**5. …**

Mit der Doppeldrohung 6. Dd1–f3.

5. …	**5. h7–h6?**

Richtig war d6×é5; 6. d4×é5, h7–h6; 7. c2–c4, h6×Sg5; 8. c4×Sd5.

6. Sg5×f7!!	**6. Ké8×Sf7**
7. Dd1–f3+	**7. Kf7–é6?**

Selbstmord. Richtig war die Rückgabe der Beute mit Sd5–f6.

8. c2–c4	**8. Sd5–b4**
9. d4–d5+	**9. Ké6–d7**
10. é5–é6+	**10. Kd7–é8**
11. Df3–f7#	

a) König in der Ecke

15. Partie

Weiß: Karl Mayet Schwarz: Philipp Hirschfeld

Berlin 1861

1. é2–é4	**1. é7–é5**
2. f2–f4!?	**2. é5 × f4**
3. Sg1–f3	**3. g7–g5!?**
4. Lf1–c4	**4. Lf8–g7!**

Schwarz erspart sich die weitere Schwächung seiner Stellung und bereitet h7–h6 vor zum Schutz seines g-Bauern.

5. d2–d4	**5. …**

Die beste Fortsetzung ist 5. 0–0!, d7–d6; 6. d2–d4, h7–h6; 7. Sb1–c3, Lc8–é6.

5. …	**5. d7–d6**
6. c2–c3?	**6. …**

Solider war 6. 0–0.

6. …	**6. g5–g4**
7. Dd1–b3?!	**7. …**

Einfacher und besser ist 7. Lc1 × f4.

7. …	**7. g4 × Sf3**
8. Lc4 × f7+	**8. Ké8–f8**
9. Lf7 × Sg8?	**9. …**

Es ist ein offensichtlicher Tempoverlust, wenn man eine entwickelte Figur (den Läufer) gegen eine nicht gezogene Figur (den Springer) abtauscht.

Notwendig war die Rochade.

9. …	9. Th8 × Lg8
10. 0 – 0?	10. …

Rochade ins Verderben. Der schwarze Turm lauert schon sprungbereit auf g8.

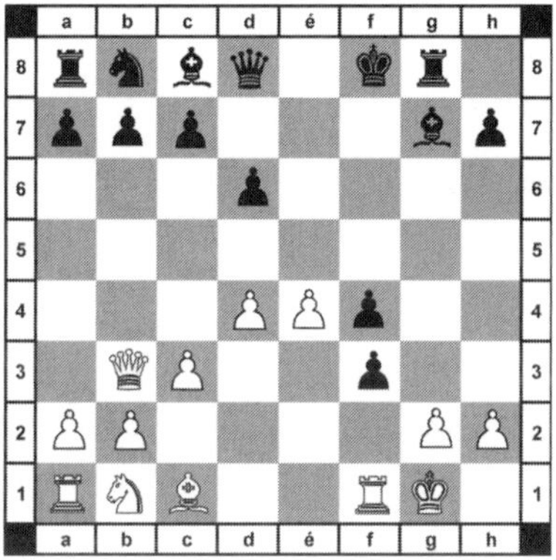

109

10. …	10. Lg7 × d4+!!

Eine einleuchtende Kombination. Das Läuferopfer öffnet den g-Weg mit Tempo für den Turm.

11. c3 × Ld4	11. Tg8 × g2+
12. Kg1 – h1	12. Tg2 × h2+!!

Entscheidende Freilegung des h-Weges für die Dame.

13. Kh1 × Th2	13. Dd8 – h4+
14. Kh2 – g1	14. Dh4 – g3+
15. Kg1 – h1	15. Dg3 – g2#

b) Der Bauer setzt matt

16. Partie

1. f2–f4 **1. é7–é5!?**
2. d2–d3? **2. …**

Richtig ist die Annahme des Gambits: 2. f4 × é5.

2. … **2. Lf8–d6**
3. f4–f5? **3. …**

Noch immer war 3. f4 × é5, Ld6 × é5; 4. Sg1–f3 besser.

3. … **3. é5–é4**
4. Sb1–c3 **4. Dd8–h4+**

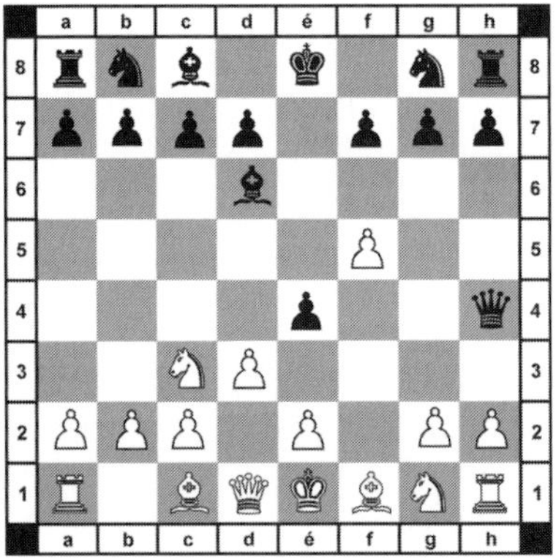

110

Jetzt würde nach 5. Ké1–d2, é4–é3+!!; 6. Kd2 × é3, Dh4–f4# folgen.

5. g2 – g3	**5. Ld6 × g3+!!**
6. h2 × Lg3	**6. Dh4 × g3+**
7. Ké1 – d2	**7. é4 – é3#**

c) Unregelmäßige Eröffnung

17. Partie

Weiß: Kurt Moll Schwarz: Ernst Falkbeer

Wien 1854

1. é2 – é3	**1. …**

Um den Gegner zu verwirren. Der Textzug bereitet f2 – f4 vor.

1. …	**1. é7 – é5**
2. c2 – c3?	**2. …**

Zu viel des Guten. Richtig war 2. d2 – d4 ohne Vorbereitung.

2. …	**2. d7 – d5**
3. d2 – d4	**3. Lf8 – d6**
4. Lf1 – d3	**4. Sb8 – c6**
5. Sg1 – é2	**5. Sg8 – f6**
6. 0 – 0	**6. é5 – é4**
7. Ld3 – c2	**7. Sf6 – g4**
8. Sé2 – g3	**8. h7 – h5**
9. f2 – f3	**9. …**

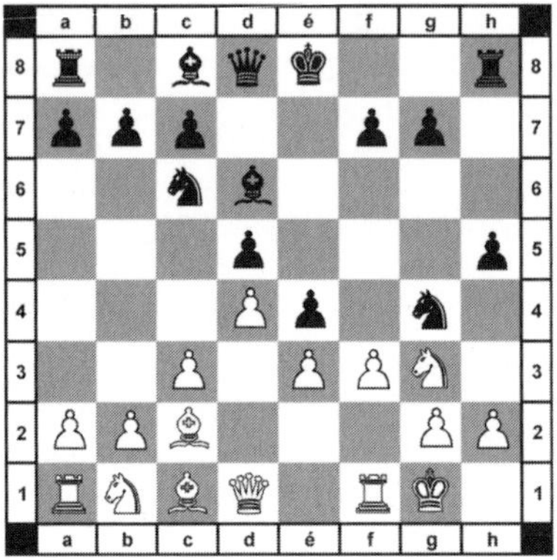

111

9. ...	9. Sg4 × h2!!
10. Kg1 × Sh2	10. h5 – h4
11. f3 × é4	11. h4 × Sg3++
12. Kh2 – g1	12. Th8 – h1+!!

Tempogewinn. Um den König in ein Damenschach einzubeziehen.

13. Kg1 × Th1	13. Dd8 – h4+
14. Kh1 – g1	14. Dh4 – h2#

Eine lehrreiche Kombination.

d) Läuferopfer auf f7

18. Partie

Weiß: von Holzhausen Schwarz: Dr. Siegbert Tarrasch

Frankfurt 1912

1. é2–é4	**1. é7–é5**
2. Sg1–f3	**2. Sb8–c6**
3. Lf1–c4	**3. Sg8–f6**
4. Sb1–c3	**4. Lf8–é7?**

Richtig ist das Scheinopfer Sf6 × é4; 5. Lc3 × f7+!, Ké8 × Lf7; 6. Sf3 × Sé4.

5. d2–d4	**5. é5 × d4**
6. Sf3 × d4	**6. d7–d6**
7. 0–0	**7. 0–0**
8. h2–h3	**8. Tf8–é8**
9. Lc1–f4	**9. Sf6–d7?**

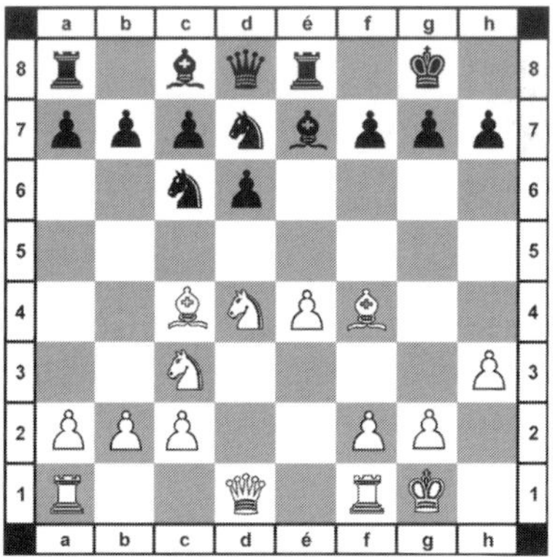

112

Besser ist Sc6–é5!; 10. Lc4–b3, c7–c5!

10. Lc4×f7+!!	**10. Kg8×Lf7**
11. Sd4–é6!!	**11. Kf7×Sé6**

Die Annahme dieses zweiten Opfers ist erzwungen. Sonst verlöre Schwarz die Dame.

12. Dd1–d5+	**12. Ké6–f6**
13. Dd5–f5#	

19. Partie

Weiß: N. N. Schwarz: Isidor Gunsberg

1. é2–é4	**1. é7–é5**
2. Sg1–f3	**2. d7–d6**
3. Lf1–c4	**3. …**

Die stärkste Fortsetzung ist hier 3. d2–d4!

3. …	**3. Sb8–c6**
4. c2–c3	**4. …**

Es könnte auch ohne Vorbereitung sofort 4. d2–d4 geschehen.

4. …	**4. Lc8–g4**

Gut ist auch 4. … Dd8–é7.

5. d2–d4!	**5. é5×d4**
6. Dd1–b3	**6. …**

Bedroht die beiden schwachen Bauern f7 und b7.

6. …	**6. Dd8–d7**
7. Lc4×f7+?	**7. …**

Das Läuferopfer ist nicht korrekt. Richtig war 7. Sf3×d4.

7. …	**7. Dd7×Lf7**
8. Db3×b7	**8. Ké8–d7**
9. Db7×Ta8	**9. Lg4×Sf3**
10. g2×Lf3	**10. Df7×f3**
11. Th1–f1?	**11. …**

Die Rochade könnte das Ringen verlängern. Nun folgt ein erbaulicher Schluss:

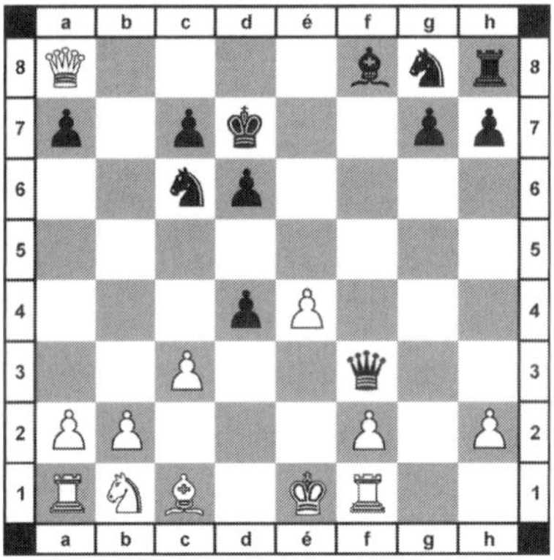

113

11. …	**11. d4–d3!!**

Eine unerwartete Mattdrohung.

12. Da8×Sc6+	**12. …**

Das bekannte Racheschach.

12. ...	**12. Kd7 × Dc6**
13. ~	**13. Df3 – é2#**

e) Läuferopfer auf h7

20. Partie

Weiß: M. Pestalozzi — Schwarz: Duhm

Bern 1908

1. é2 – é4	**1. é7– é6**
2. d2 – d4	**2. d7– d5**
3. Sb1– c3	**3. ...**

Um der lästigen Fesselung durch Lf8 – b4 vorzubeugen, spielt Weiß oft 3. Sb1– d2.

3. ...	**3. Sg8 – f6**
4. Lc1– g5	**4. Lf8 – é7**

Spielbar ist auch Lf8 – b4 oder d5 × é4.

5. Lg5 × Sf6	**5. ...**

Mehr verspricht 5. é4 – é5! statt des Abtausches.

5. ...	**5. Lé7 × Lf6**
6. é4 – é5	**6. ...**

Gut ist auch die Variante 6. Sg1– f3.

6. ...	**6. Lf6 – é7**
7. Lf1– d3	**7. ...**

Genauer war vorerst der Ausfall 7. Dd1– g4! 0–0.

7. …	**7. c7–c5**
8. d4×c5	**8. Lé7×c5**

Schwarz kann auch Sb8–c6 oder Sb8–d7 spielen.

9. Dd1–g4	**9. 0–0**

Diese natürliche Verteidigung ist besser als Ké8–f8.

10. Sg1–f3	**10. Sb8–c6?**

Schlecht. Besser war 10. … f7–f5.

11. Ld3×h7+!?	**11. …**

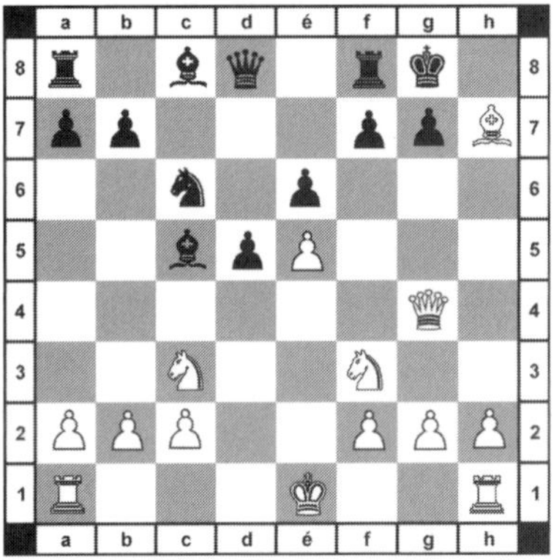

114

Das Läuferopfer auf h7 hängt immer in der Luft, wenn der schwarze Verteidigungs-Springer vom f6 fehlt.

11. …	**11. Kg8×Lh7**
12. Dg4–h5+	**12. Kh7–g8**
13. Sf3–g5!	**13. …**

Es droht 14. Dh5–h7#.

13. …	**13. Tf8–é8**

Weiß kündigte Matt in fünf Zügen an:

14. Dh5 × f7+!	**14. Kg8–h8**
15. Df7–h5+	**15. Kh8–g8**
16. Dh5–h7+	**16. Kg8–f8**
17. Dh7–h8+	**17. Kf8–é7**
18. Dh8 × g7#	

Beachten Sie, wie der weiße Bauer das Fluchtfeld d6 beherrscht.

21. Partie

Weiß: Giusti Schwarz: Cipriam

Italienische Fernpartie 1955

1. é2–é4	**1. é7–é6**
2. d2–d4	**2. …**

Spielbar ist auch 2. Dd1–é2, um den Gegenstoß d7–d5 zu erschweren.

2. …	**2. d7–d5**
3. Sb1–c3	**3. …**

Man zieht häufig auch 3. Sb1–d2, um die folgende Fesselung auszuschalten.

3. …	**3. Lf8–b4**

Indirekter Angriff gegen den Bauern é4. Nun ist es schwieriger, den Bauern é4 zu verteidigen, als nach Sg8–f6.

4. é4–é5	**4. …**

Farblos ist die ruhige Entwicklung 4. Lf1–d3.

4. …	**4. c7–c5!**
5. Lc1–d2	**5. Sg8–é7**
6. Sc3–b5	**6. Lb4 × Ld2+**
7. Dd1 × Ld2	**7. 0–0**
8. c2–c3	**8. Sb8–c6**
9. Sb5–d6!	**9. …**

Weiß hat nun einen starken Vorposten auf d6.

9. …	**9. Dd8–b6**
10. Sg1–f3	**10. Lc8–d7**
11. Lf1–d3	**11. Sé7–c8**

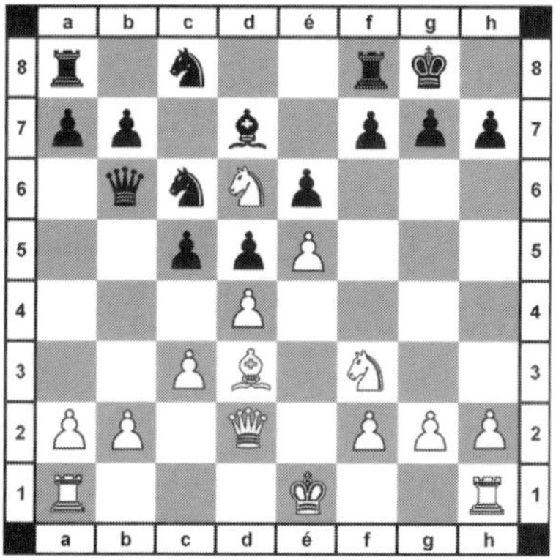

115

12. Ld3 × h7+!! **12. Kg8 × h7**

Hoffnungslos wäre die Ablehnung des Läuferopfers: Kg8–h8?; 13. Dd2–g5!

13. Sf3–g5+ **13. Kh7–g8**

Auch Kh7–g6 verliert schnell nach 14. Dd2–d3+!!, Kg6 × Sg5; 15. f2–f4+!!. Schwarz darf den kecken Bauern nicht schlagen: Kg5 × f4?? wegen 16. Dd3 – g3#. 15. … Kg5 – h6; 16. Dd3 – h3+, Kh6 – g6; 17. g2 – g4, Sc6 × é5; 18. Dh3 – h5+, Kg6 – f6; 19. Dh5 – g5#. An diesem Matt ist auch der weiße Bauer f4 beteiligt.

14. Dd2 – d3	**14. …**

Wieder die Mattdrohung auf h7.

14. …	**14. Tf8 – é8**
15. Dd3 – h7+	**15. Kg8 – f8**
16. Dh7– h8+	**16. Kf8 – é7**
17. Dh8 × g7	**17. Sc8 × Sd6**
18. Dg7– f6+	**18. Ké7– f8**
19. é5 × Sd6	**nebst**
20. Df6 – h8#	**oder 20. Df6 × f7#**

22. Partie

1. é2 – é4	**1. é7– é6**
2. d2 – d4	**2. d7– d5**
3. Sb1– c3	**3. Sg8 – f6**
4. Lc1– g5	**4. Lf8 – é7**
5. Lg5 × Sf6	**5. Lé7 × Lf6**

Am einfachsten ist für Weiß der Vorstoß é4 – é5.

6. Sg1– f3	**6. 0 – 0**
7. é4 – é5	**7. Lf6 – é7**
8. Lf1– d3	**8. Lc8 – d7?**

Ein nicht ausreichender Angstzug. Hier war eine günstige Gelegenheit zum Gegenstoß c7– c5!

9. h2–h4	9. f7–f6

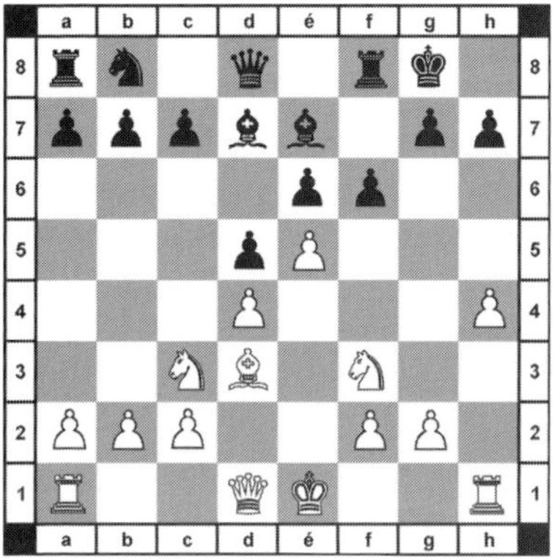

116

10. Sf3–g5!	**10. f6×Sg5**
11. Ld3×h7+!!	**11. Kg8×Lh7**
12. h4×g5(+)	**12. Kh7–g8**
13. Th1–h8+!!	**13. …**

Dieses attraktive Turmopfer gewinnt ein wichtiges Tempo für das Eingreifen der Dame.
Lehnt Schwarz das Turmopfer ab: 13. … Kg8–f7, dann geschieht 14. Dd1–h5+, g7–g6; 15. Dh5–h7+, Kf7–é8; 16. Dh7×g6#.

13. …	**13. Kg8×Th8**
14. Dd1–h5+	**14. Kh8–g8**
15. g5–g6!	**15. Tf8–é8**
16. Dh5–h7+	**16. Kg8–f8**
17. Dh7–h8#	

Die Umwandlung

Der Traum des Bauern ist die Umwandlung. Jeder Infanterist trägt den Marschallstab im Tornister. Die Umwandlung entscheidet meist die Partie, denn es erscheint eine neue Dame auf dem Schachbrett.
Die Umwandlung geschieht in der Regel im Endspiel. Doch kommt sie nicht selten auch im Mittelspiel vor und sogar auch in der Eröffnung.

1. Eine neue Dame

23. Partie

1. d2–d4	**1. d7–d5**
2. c2–c4	**2. c7–c6**

Der Textzug ist ebenbürtig mit é7–é6.

3. Sg1–f3	**3. Lc8–f5**
4. Dd1–b3	**4. Dd8–b6**
5. c4 × d5	**5. Db6 × Db3**
6. a2 × Db3	**6. Lf5 × Sb1**

Um den weißen Turm von dem offenen a-Weg abzulenken. Es folgt jedoch eine unerwartete Bescherung:

7. d5 × c6!	**7. Lb1–é4?**

Zu gierig gespielt. Richtig war Sb8 × c6.

8. Ta1 × a7!!	**8. Ta8 × Ta7**
9. c6 – c7!	**9. …**

Schwarz gab auf. Der Bauer hat zwei Umwandlungsfelder: b8 und c8. Die Geburt einer neuen Dame kann nicht verhindert werden.

24. Partie

Weiß: Bird und Dobbel Schwarz: Gunsberg und Locock

Hastings 1897

1. f2 – f4	**1. é7 – é5!?**
2. f4 × é5	**2. d7 – d6**
3. é5 × d6	**3. Lf8 × d6**
4. Sg1 – f3	**4. …**

Deckt das tödliche Dd8 – h4+.

4. …	**4. g7 – g5**

Um den Springer wegzujagen.

5. c2 – c3?	**5. …**

Richtig ist ohne Vorbereitung sofort 5. d2 – d4!

5. …	**5. g5 – g4**
6. Dd1 – a4+	**6. Sb8 – c6**
7. Sf3 – d4	**7. Dd8 – h4+**

Nach 8. g2 – g3? würde das Opfer Ld6 × g3+ geschehen.

8. Ké1 – d1	**8. g4 – g3!**
9. b2 – b3?	**9. Dh4 × h2!!**
10. Th1 × Dh2	**10. g3 × Th2**

Gefolgt von der Umwandlung 11. … h2 – h1(D).

25. Partie

1. d2–d4	**1. Sg8–f6**
2. c2–c4	**2. é7–é5!?**
3. d4×é5	**3. Sf6–é4!?**

Das ist die riskante Leipziger Variante des Budapester Gambits.

4. Dd1–c2	**4. d7–d5**
5. é5×d6 e.p.	**5. Lc8–f5!**

Es droht Sé4–g3, aufgedeckter Angriff gegen die weiße Dame.

6. Sb1–c3!	**6. Sé4–g3?**

Richtig war Sé4×d6.

7. Dc2–a4+	**7. Lf5–d7**
8. Sc3–b5!	**8. …**

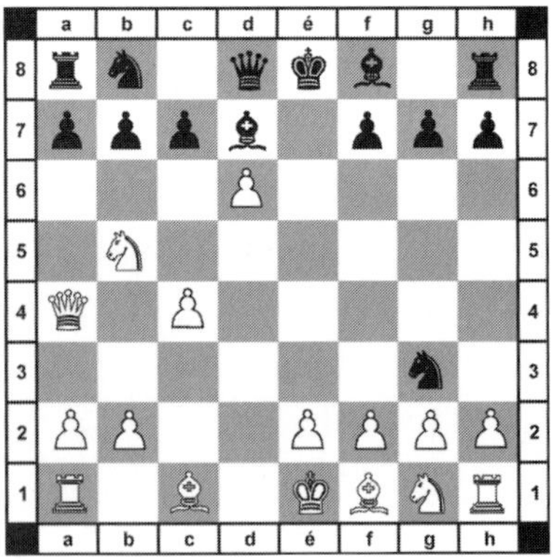

117

8. …	**8. Sg3 × Th1**
9. Sb5 × c7+!!	**9. …**

Schwarz muss die Dame hergeben, anders ist das Schach nicht zu decken.

9. …	**9. Dd8 × Sc7**
10. d6 × Dc7	**10. Ld7 × Da4**
11. c7–c8(D)+	**und gewinnt.**

26. Partie

Weiß: Andrews Schwarz: Jansenss

1. é2–é4	**1. é7–é5**
2. Sg1–f3	**2. Sb8–c6**
3. Lf1–c4	**3. Sg8–f6**
4. d2–d4	**4. …**

Sicherer als der verfrühte Angriff 4. Sf3–g5.

4. …	**4. é5 × d4**
5. 0–0	**5. …**

Die Alternative ist 5. é4–é5, d7–d5!

5. …	**5. Lf8–é7?**

Vorteilhafter wäre Lf8–c5 oder Sf6 × é4; 6. Tf1–é1, d7–d5.

6. Sc3 × d4	**6. Sc6 × Sd4**
7. Dd1 × Sd4	**7. d7–d6**
8. f2–f4	**8. b7–b6?**

Überflüssige Schwächung. Besser ist Lc8–é6.

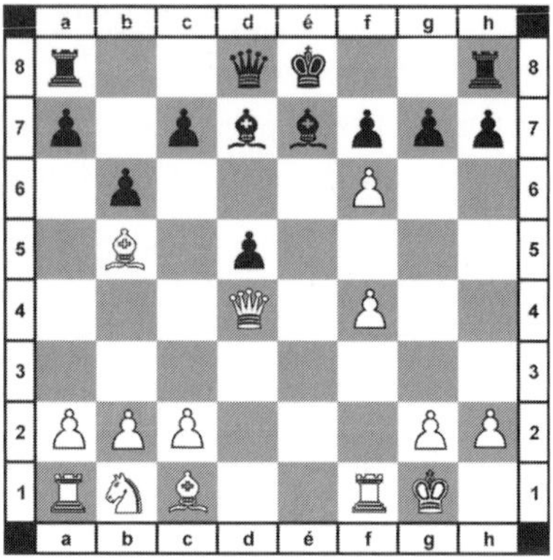

118

9. é4–é5	**9. d6–d5**
10. Lc4–b5+!	**10. Lc8–d7**
11. é5 × Sf6!!	**11. ...**

Dies kommt einem Damenopfer gleich (Diagramm 118).

11. ...	**11. Lé7–c5**
12. Tf1–é1+	**12. Ké8–f8**
13. f6 × g7+	**13. Kf8–g8**
14. g7 × Th8(T)#	

27. Partie

Weiß: Schuster Schwarz: Carl Carls

1. é2–é4	**1. c7–c6**
2. d2–d4	**2. d7–d5**
3. Sb1–c3	**3. ...**

Auf 3. é4–é5 würde Lc8–f5 folgen.

3. …	**3. d5 × é4**
4. Sc3 × é4	**4. Sg8 – f6**

Es ist besser, den Textzug mit Sb8 – d7 vorzubereiten, um nach dem erwarteten Abtausch Sé4 × Sf6 den Doppelbauern zu vermeiden.
Auch Lc8 – f5 ist genauer als der Textzug.

5. Sé4 – g3	**5. h7 – h5**
6. Lc1 – g5	**6. …**

Notwendig war 6. h2 – h4, um den weiteren Vormarsch des schwarzen Bauern zu vereiteln.

6. …	**6. h5 – h4**
7. Lg5 × Sf6?	**7. …**

Richtig war 7. Sg3 – é2.

7. …	**7. h4 × Sg3**
8. Lf6 – é5	**8. …**

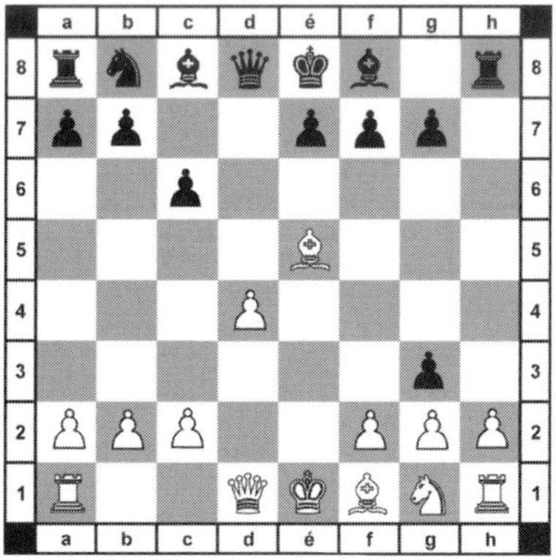

119

8. ...	**8. Th8 × h2!!**
9. Th1 × Th2	**9. ...**

Erzwungen. Sonst Turmverlust.

9. ...	**9. Dd8 – a5+**
10. c2 – c3	**10. Da5 × Lé5+!!**
11. d4 × Dé5	**11. g3 × Th2**

Weiß gab auf, weil die Umwandlung des Bauern nicht verhindert werden kann; zum Beispiel 12. Dd1–h5, h2 × Sg1(D).

28. Partie

Weiß: Jacques Mieses Schwarz: Dr. Johannes Oehquist
Nürnberg 1903

1. é2 – é4	**1. d7 – d5**
2. é4 × d5	**2. Dd8 × d5**
3. Sb1 – c3	**3. Dd5 – d8**

Nicht viel besser ist Dd5 – a5.

4. d2 – d4	**4. Sb8 – c6**
5. Sg1 – f3	**5. Lc8 – g4**
6. d4 – d5	**6. Sc6 – é5?**

Sicherer ist die Rückkehr des Springers nach b8.

7. Sf3 × Sé5!!	**7. ...**

Ein überraschendes Damenopfer.

7. …	**7. Lg4 × Dd1**
8. Lf1–b5+!	**8. c7–c6**
9. d5 × c6	**9. …**

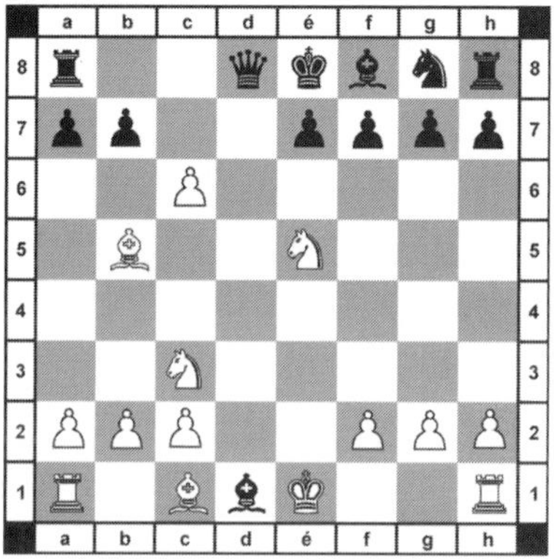

120

9. …	**9. Dd8–c7**

Es droht c6 × b7(+) nebst b7 × Ta8(D).

10. c6 × b7 (+)	**Aufgegeben.**

Nach b7–b6 käme 11. c6–c7(+), Dd8–d7; 12. Lb5 × Dd7#.

10. …	**10. Ké8–d8**
11. b7 × Ta8(D)+	**11. Dc7–c8**
12. Sé5 × f7+	**12. Kd8–c7**
13. Sc3–d5#	

29. Partie

Weiß: Henry Edward Bird Schwarz: Wilhelm Steinitz
London 1867

1. é2–é4	**1. é7–é5**
2. Sg1–f3	**2. Sb8–c6**
3. Lf1–b5	**3. Sg8–f6**
4. d2–d4	**4. …**

Genauer ist 4. 0–0.

4. …	**4. é5 × d4**

Besser als Sc6 × d4, 5. Sf3 × Sd4.

5. é4–é5	**5. Sf6–é4**
6. Sf3 × d4	**6. Lf8–é7!**
7. 0–0	**7. Sc6 × Sd4**

Der Abtausch ist ungünstig, weil dadurch Weiß eine starke Zentraldame erhält.

8. Dd1 × Sd4	**8. Sé4–c5**
9. f2–f4!	**9. …**

Der Auftakt zu einem heftigen Bajonett-Angriff.

9. …	**9. b7–b6**
10. f4–f5!	**10. Sc5–b3!?**

Falls Weiß den Springer schlägt, verliert er nach Lé7–c5 die Dame.

11. Dd4–é4	**11. Sb3 × Ta1**
12. f5–f6!	**12. …**

Die Bauernwalze stürmt vorwärts.

12. …	**12. Lé7–c5+**
13. Kg1–h1	**13. Ta8–b8**
14. é5–é6!	**14. Th8–g8**

Die Rochade in den Angriff hinein wäre offensichtlich verfehlt. Nach dem Textzug aber kann Weiß einen Bauern umwandeln

15. é6×d7++!	**15. Ké8–f8**
16. Dé4–é8+	**16. Dd8×Dé8**
17. d7×Dé8(T)#	

2. Die Springer-Umwandlung

Es kommt oft vor, dass die Umwandlung in eine Dame ungünstig ist. In diesen Fällen wird der Bauer in einen Springer umgewandelt.

30. Partie

Weiß: B. Schwarz: Alphonse Goetz

Straßburg 1880

1. é2–é4	**1. é7–é5**
2. f2–f4!?	**2. é5×f4**
3. b2–b3?	**3. …**

Unsinn. Weiß sollte das auf h4 drohende Schach entweder mit 3. Sg1–f3! verhindern oder mit 3. Lf1–c4 unschädlich machen.

3. …	**3. Dd8–h4+**
4. g2–g3?	**4. …**

Das kleinere Übel war 4. Ké1–é2.

4. … **4. f4 × g3!**

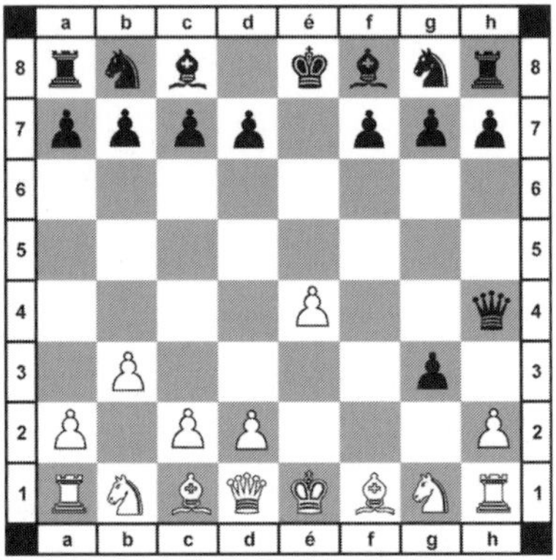

121

Weiß ist in eine Verluststellung geraten. Falls er 5. Ké1–é2 zieht, um das drohende aufgedeckte Schach zu verhindern, dann folgt Dh4 × é4#.

Oder 5. Sg1–f3, g3–g2(+); 6. Sf3 × Dh4, g2 × Th1(D) Turmverlust.

Schließlich: 5. Lf1–g2, g3 × h2(+) erobert den Springer.

5. h2–h3 **5. …**

Nach dem Textzug kündigte Schwarz Matt in drei Zügen an:

5. …	**5. g3–g2(+)**
6. Ké1–é2	**6. Dh4 × é4+**
7. Ké2–f2	**7. g2 × Th1(S)#**

31. Partie

Weiß: Dr. H. Reinle Schwarz: N. N.

Murau 1936

1. é2–é4	**1. é7–é5**
2. f2–f4!?	**2. f7–f5!?**

Dieses seltsame Gegengambit stammt von Greco und ist durchaus spielbar.

3. é4×f5!	**3. …**

Wahrscheinlich die beste Erwiderung. Nach 3. Sg1–f3 würde é5×f4!; 4. é4×f5, d7–d5 (aufgedeckter Angriff gegen den weißen Gambitbauern); 5. d2–d4, Lf8–d6; 6. Lf1–d3, Dd8–f6; 7. Sb1–c3, c7–c6; 8. 0–0, Lc8×f5; 9. Tf1–é1+, Sg8–é7; 10. Sf3–é5, Sb8–d7 folgen. Jetzt nicht 11. Lc1×f4?, Lf5×Ld3!, und Weiß verliert eine Figur wegen des aufgedeckten Angriffs der schwarzen Dame.

3. …	**3. é5–é4?**

Schlecht. Schwarz müsste unbedingt den fatalen Konsequenzen des drohenden weißen Damenschachs durch 3. … Dd8–h4+ vorbeugen.

4. Dd1–h5+	**4. g7–g6**
5. f5×g6	**5. h7–h6**
6. g6–g7(+)	**6. Ké8–é7**
7. Dh5–é5+	**7. Ké7–f7**
8. g7×Th8(S)#	

Der Vorposten

Ein in die 6. (beziehungsweise 3.) Reihe vorgerückter Bauer ist meistens so stark wie eine Leichtfigur.

1. Der Bauer in der 6. Reihe

32. Partie

1. é2–é4	**1. c7–c5**
2. Sg1–f3	**2. é7–é6**
3. d2–d4	**3. c5 × d4**
4. Sf3 × d4	**4. Sg8–f6**
5. Sb1–c3	**5. Lf8–b4?**

Richtig ist an dieser Stelle d7–d6!

6. Lf1–d3	**6. Sb8–c6**
7. Sd4 × Sc6	**7. b7 × Sc6?**

Schwarz sollte mit dem anderen Bauern nehmen – also d7 × Sc6!

8. é4–é5	**8. Sf6–d5**

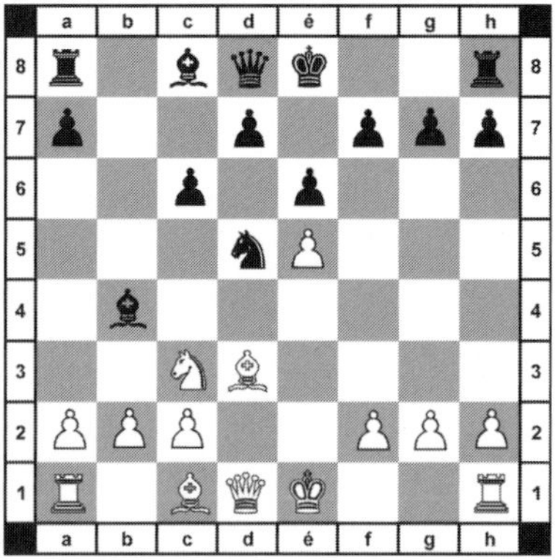

122

9. Dd1–g4!	**9. g7–g6**
10. 0–0	**10. f7–f5?**
11. é5 × f6 e.p.	**11. …**

Jetzt würde Schwarz nach Dd8 × f6; 12. Sc3 × Sd5 nebst 13. Dg4 × Lb4 eine Figur einbüßen.
Falls 11. … Sd5 × Sc3, dann 12. Ld3 × g6+!!.

11. …	**11. Lb4 × Sc3**
12. Ld3 × g6+!!	**12. h7 × Lg6**
13. Dg4 × g6+	**13. Ké8–f8**
14. Lc1–h6+!!	**14. Th8 × Lh6**
15. Dg6–g7+	**15. Kf8–é8**
16. Dg7–g8#	

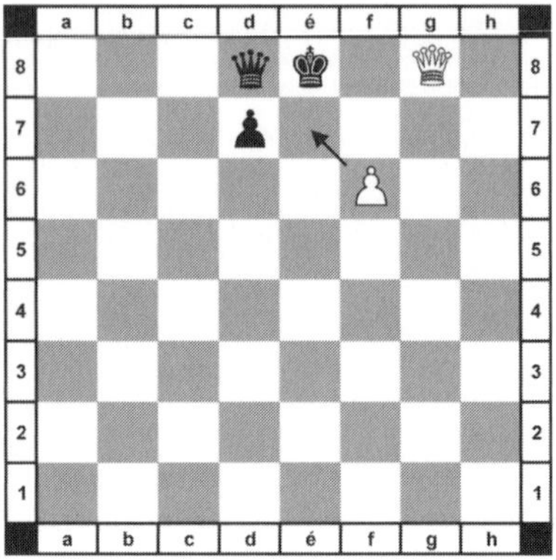

123

33. Partie

1. é2–é4	1. g7–g6
2. d2–d4	2. Lf8–g7
3. Sg1–f3	3. é7–é6

Schwächt unnötig die Stellung. Genauer war d7–d6.

4. Lf1–d3	4. Sb8–c6
5. Lc1–é3	5. Sg8–é7
6. Sb1–c3	6. 0–0
7. Dd1–d2	7. b7–b6

Das Doppel-Fianchetto.

8. h2–h4	8. …

Der schwarze Bauer g6 ist eine „Angriffsmarke“, die einen Bauernsturm provoziert.

8. …	**8. Lc8–b7**

Die Flankenläufer sind im Kampf gegen den Bauern recht unbeholfen.

9. h4–h5	**9. d7–d5**
10. é4–é5	**10. Dd8–d7**
11. Lé3–h6	**11. Lg7 × Lh6**

Man soll seinen Flankenläufer nicht abtauschen!

12. Dd2 × Lh6	**12. Sé7–f5**
13. Ld3 × Sf5	**13. é6 × Lf5**
14. Sc3 × d5!!	**14. Dd7 × Sd5**

Das Springeropfer hat die schwarze Dame von dem Königsflügel weggelockt.

15. h5 × g6!	**15. …**

Es droht nun 16. Dh6 × h7#.

15. …	**15. Tf8–é8**
16. g6 × h7+	**16. Kg8–h8**
17. Dh6–f6#	

Ein in die 6. (beziehungsweise 3.) Reihe vorgedrungener Bauer kann die Dame matt setzen helfen.

34. Partie

Weiß: Samarian Schwarz: Subaric

1. é2–é4	**1. é7–é6**
2. d2–d4	**2. d7–d5**
3. Sb1–c3	**3. Sg8–f6**
4. Lc1–g5	**4. Lf8–é7**
5. Lg5 × Sf6	**5. Lé7 × Lf6**
6. é4–é5	**6. Lf6–é7**
7. Dd1–g4	**7. 0–0**
8. 0–0–0	**8. …**

Gut spielbar ist auch 8. Lf1–d3 (statt der langen Rochade), f7–f5! usw. wie im Text.

8. …	**8. f7–f5**
9. Dg4–h3	**9. c7–c5**
10. f2–f4	**10. Sb8–c6**
11. d4 × c5	**11. Dd8–a5**
12. Kc1–b1	**12. …**

Das ist die übliche Sicherung der langen Rochade. Nützlicher war jedoch 12. g2–g4!

12. …	**12. b7–b6**
13. g2–g4	**13. d5–d4**

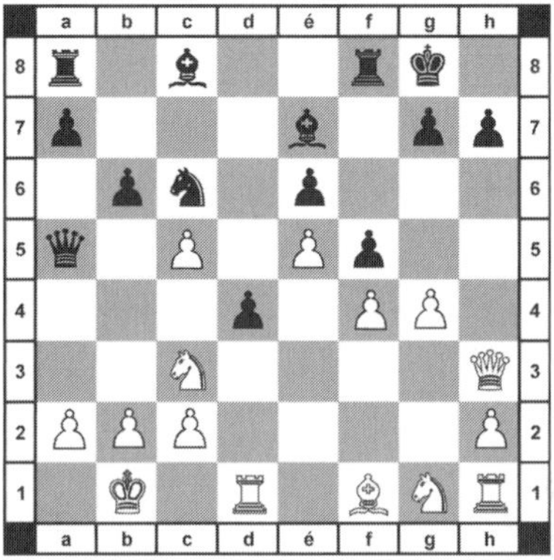

124

14. Lf1–g2	**14. …**

Sicherer als dieser Gegenangriff auf den feindlichen Springer war 14. Sc3–b5.

14. …	**14. f5 × g4**
15. Dh3 × g4	**15. d4 × Sc3**
16. Lg2 × Sc6	**16. Da5–b4!**

Es droht Db4 × b2#, und falls:

17. b2–b3	**17. Db4–a3**
18. ~	**18. Da3–b2#**

Der schwarze Bauer c3 ist Damianos Bauer.

2. Der Zentrumskeil

Gelingt es dem Anziehenden, einen Zentralbauern in der 6. Reihe festzusetzen, dann wird der vorgerückte Bauer einen Keil bilden, der das schwarze Lager in zwei Teile zerschneidet. Dieser unangenehme Pfahl im Körper ist meistens partieentscheidend.

35. Partie

Weiß: Ewfim Bogoljubow Schwarz: Dr. Siegbert Tarrasch
Breslau 1925

1. é2–é4	**1. Sg8–f6**
2. é4–é5	**2. Sf6–d5**
3. Sg1–f3	**3. …**

Üblich ist an dieser Stelle 3. d2–d4, d7–d6; 4. c2–c4, Sd5–b6; 5. f2–f4: das riskante, aber vielversprechende Vierbauernspiel.

3. …	**3. d7–d6**
4. d2–d4	**4. Lc8–f5**

Resoluter ist der Gegenangriff Lc8–g4!

5. Lf1–d3	**5. Lf5–g6**

Genauer ist der Abtausch Lf5 × Ld3!

6. c2–c4	**6. Sd5–b6**

Noch immer war der Tauschwechsel Lg6 × Ld3! vorzuziehen.

7. Ld3 × Lg6	**7. h7 × Lg6**

Schwarz spielte die Eröffnung schwach, und Weiß kann nun einen Zentrumskeil aufstellen:

8. é5–é6!	**8. …**

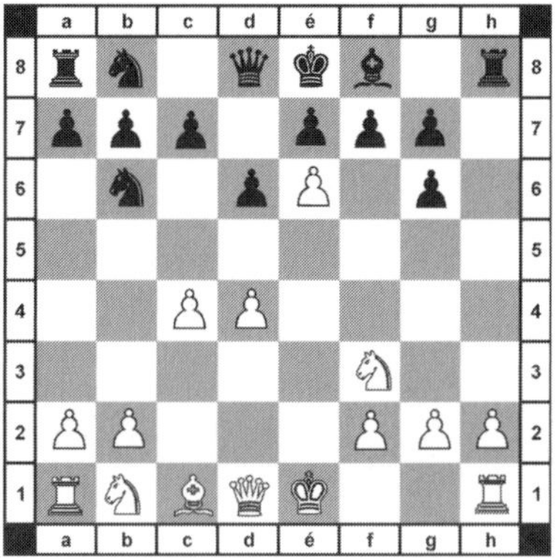

125

8. …	**8. f7–f6**

Nicht besser wäre f7 × é6; 9. Sf3–g5!

9. Dd1–d3	**9. Dd8–c8**
10. Dd3 × g6+	**10. Ké8–d8**
11. Dg6–f7	**11. …**

Mit der Drohung 12. Sf3–h4!, Th8 × Sh4??; 13. Df7 × Lf8#.

11. …	**11. Sb6 × c4**
12. Sb1–d2!	**12. …**

12. Sf3–h4, d6–d5 ist nicht mehr günstig für Weiß, wegen 13. Sh4–g6, Sc4–d6!.

12. …	**12. Sc4 × Sd2**
13. Lc1 × Sd2	**13. g7–g5**
14. d4–d5	**14. c7–c5**

Ungenau wäre c7–c6?; 15. Ld2–a5+, b7–b6; Lb5–c3 mit der tödlichen Drohung 17. Lc3 × f6!.

15. Ld2–c3?	**15. …**

Weiß könnte mit dem Manöver 15. Ld2–a5+!, b7–b6; 16. La5–c3 ein wichtiges Tempo gewinnen.

15. …	**15. g5–g4**
16. Sf3–h4!!	**16. Th8 × Sh4**
17. Df7 × Lf8+	**17. Kd8–c7**
18. Df8 × é7+	**18. Kc7–b6**
19. Dé7 × d6+	**19. Kb6–b5**
20. a2–a4+	**20. Kb5–c4**
21. Dd6–f4+!!	**21. …**

Zum Schluss noch ein hübsches Bauernopfer:

21. …	**21. Kc4 × d5**
22. 0–0–0+!!	**22. Kd5 × é6**
23. Df4 × f6#	

Oder 22. … Kd5–c6; 23. Df4–d6#.
Schulbeispiel für die verheerende Kraft des Keilbauern é6.

3. Das Bauernzentrum

Das Zentrum sind die vier Felder d4/é4/d5/é5. Ihre Bedeutung besteht darin, dass von der Mitte alle Felder des Schachbrettes am schnellsten erreicht werden können. Dagegen erfordert die Erreichung des gegenüberstehenden Randes von den Randfeldern aus mehr Züge als von der Mitte.
Es führen obendrein die wichtigsten geraden und schrägen Linien durch das Zentrum.

Man hat die Wichtigkeit des Zentrums früh erkannt und seine Besetzung mit Bauern befürwortet. Dies ist zwar nicht unbedingt notwendig, doch die Idealmitte d4/é4 ist zweifellos vorteilhaft. Besonders stark wirkt eine bewegliche Bauernmitte, da sie mit ihrem Vormarsch den Gegner vernichten kann.
Dagegen ist oft ein festgefahrenes Bauernzentrum nachteilig, da es die Bewegung der eigenen Figuren behindern kann.
Man könnte über den Kampf um die Mitte ein ganzes Buch schreiben. Wir begnügen uns jedoch mit einem treffenden Beispiel:

36. Partie

Weiß: Alexander Aljechin Schwarz: Jean Prat
Paris 1913 (Simultanvorstellung)

1. d2–d4 **1. d7–d5**
2. Sg1–f3 **2. Sb8–c6**

Schwarz sollte in geschlossenen Spielen (1. d2–d4, d7–d5) den c-Bauern nicht mit seinem Springer verstellen.

3. c2–c4 **3. é7–é6?**

Gegeben war Lc8–g4 nebst Abtausch Lg4 × Sf3.
Der Textzug sperrt den Läufer c8 ein.

4. Sb1–c3 **4. d5 × c4?**

Nicht folgerichtig. Schwarz gibt ohne Zwang die Mitte auf. Besser war ein Entwicklungszug.

5. é2–é3 **5. Sg8–f6**
6. Lf1 × c4 **6. Lf8–b4**

Genauer war Lf8–é7. Es ist unvorteilhaft, den guten Läufer gegen einen Springer abzutauschen.

7. 0–0	**7. Lb4×Sc3?**

Dreifacher Fehler:
1) Schwarz gibt seinen guten Läufer preis,
2) stärkt das Zentrum des Gegners,
3) öffnet die Schräge a3–f8 für den früher noch schlechten Läufer des Anziehenden. (Hans Müller)

8. b2×Lc3	**8. 0–0**
9. Dd1–c2	**9. Sc6–é7**
10. Lc1–a3!	**10. …**

Verhindert die Entwicklung des schwarzen Damenflügels (b7–b6, Lc8–b7, nebst c7–c5).

10. …	**10. c7–c6**

Schwarz hat nichts Besseres.

11. é3–é4!	**11. …**

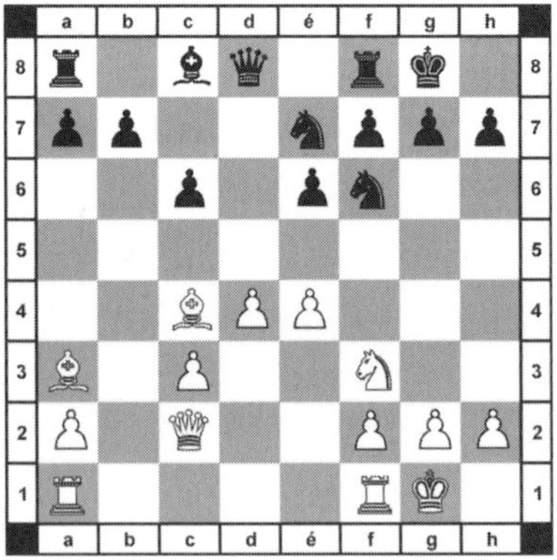

126

Anfang des Vormarsches des weißen Bauernzentrums.

11. …	**11. h7–h6**
12. Ta1–d1	**12. Lc8–d7**
13. Sf3–é5!	**13. …**

Die Vorbereitung zum Vorstoß f2–f4–f5. Wer einen Entwicklungsvorsprung hat, soll Angriffslinien öffnen.

13. …	**13. Tf8–é8**

Entfesselt den Springer é7, aber schwächt den Bauern f7. Nach anderen Zügen würde f2–f4 nebst g2–g4 folgen.

14. f2–f4	**14. Dd8–c7**
15. f4–f5	**15. Ta8–d8**
16. Sé5×f7!!	**16. …**

Nach diesem vernichtenden Springeropfer wird die schwarze Rochadestellung zerstört.

16. …	**16. Kg8×Sf7**
17. é4–é5	**17. Sé7–g8**

Auch nach anderen Zügen verlöre Schwarz schnell; zum Beispiel Sf6–d5; 18. f5×é6++!.

18. La3–d6	**18. Dc7–c8**
19. Dc2–é2	**19. b7–b5**
20. Lc4–b3	**20. a7–a5**
21. Td1–é1!	**21. a5–a4**

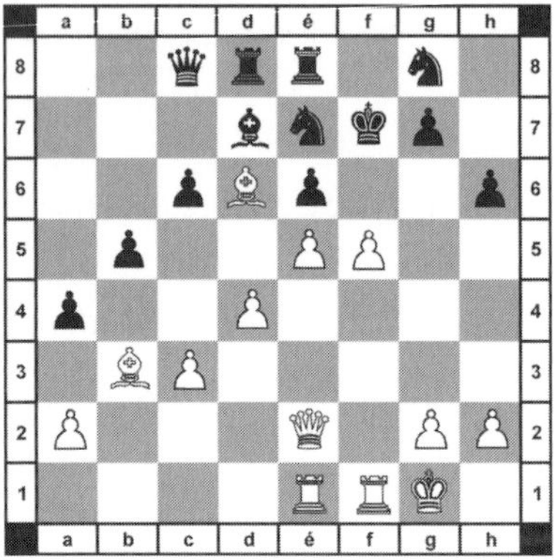

127

Weiß kündigt Matt in zehn Zügen an

22. Dé2–h5+!!	**22. …**

Das prächtige Damenopfer lenkt den Springer vom f-Weg ab und ermöglicht einige Doppelschachs.

22. …	**22. Sf6×Dh5**
23. f5×é6++	**23. Kf7–g6**
24. Lb3–c2+	**24. Kg6–g5**
25. Tf1–f5+	**25. Kg5–g6!**

Nicht Kg5–g4; 26. h2–h3+ mit schnellem Matt.

26. Tf5–f6++	**26. Kg6–g5**
27. Tf6–g6+	**27. Kg5–h4**

Oder Kg5–f4; 28. Té1–é4#.

28. Té1–é4+	**28. Sh5–f4**
29. Té4×Sf4+	**29. Kh4–h5**
30. g2–g3	**30. ~**
31. Tf4–h4#	

Das Schulbeispiel der verheerenden Wirkung eines vorwärtsstürmenden Bauernzentrums.

4. Bauernhilfe für Leichtfiguren

Ziemlich häufig sind die Fälle, in denen ein Läufer und ein Springer bei Mattangriff die Hilfe eines Bauern in Anspruch nehmen.

37. Partie

Weiß: Marriot — Schwarz: Arnold

1. é2–é4	**1. é7–é6**
2. d2–d4	**2. d7–d5**
3. Sb1–c3	**3. Lf8–b4**

Ruhiger verliefe das Spiel nach 3. … Sg8–f6; 4. Lc1–g5, Lf8–é7.

4. é4–é5	**4. c7–c5!**
5. Lc1–d2	**5. …**

Spielbar ist auch der Abtausch 5. a2–a3, Lb4 × Sc3+.

5. …	**5. c5 × d4**

Es entstand eine schwierige Stellung. Weiß hat Gelegenheit zum Manöver 6.Sc3–b5–d6.

6. Sc3–b5	**6. Lb4–c5**
7. b2–b4!	**7. Lc5–b6**
8. Dd1–g4	**8. g7–g6**

Erzwungene Schwächung. Es entstehen Löcher auf f6 und h6.

9. Sb5–d6+!	**9. Ké8–f8**
10. Dg4–f4	**10. f7–f6?**

Ein schwerwiegender Fehler, der für einen Angriff in großem Stil das Damenopfer erlaubt. – Notwendig war Dd8–c7.

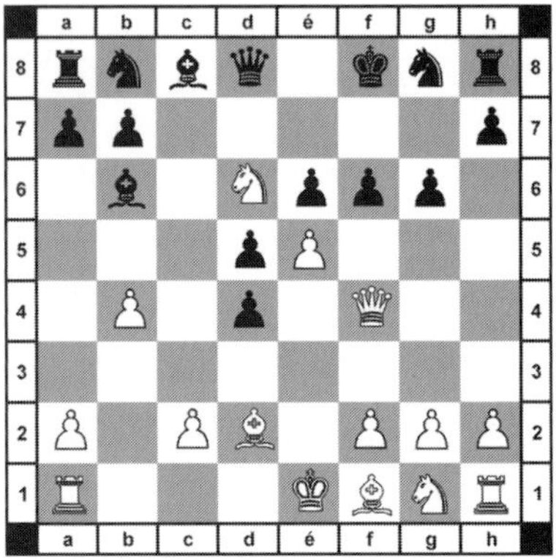

128

11. é5 × f6!!	11. Lb6–c7
12. Df4–h6+!!	12. Sg8 × Dh6
13. Ld2 × Sh6+	13. Kf8–g8
14. f6–f7#	

Ein Mattbild seltener Schönheit.

38. Partie

Weiß: Mlotkovsky Schwarz: Deacon

Philadelphia 1913

1. é2–é4	1. é7–é5
2. Sg1–f3	2. d7–d6
3. d2–d4	3. f7–f5

Unerbittlicher Kampf gegen den weißen Königsbauern. Solider ist allerdings Sg8–f6.

4. d4 × é5	**4. …**

Gute Fortsetzungen sind auch 4. Lf1–c4 oder 4. Sb1–c3.

4. …	**4. f5 × é4**
5. Sf3–g5	**5. d6–d5**
6. Sb1–c3	**6. Lf8–b4**

Indirekte Deckung des Bauern d5.

7. é5–é6	**7. Lb4 × Sc3+**
8. b2 × Lc3	**8. Sg8–h6**

um Sg5–f7 zu verhindern.

9. Dd1–h5+	**9. Ké8–f8**
10. Lc1–a3+	**10. Kf8–g8**

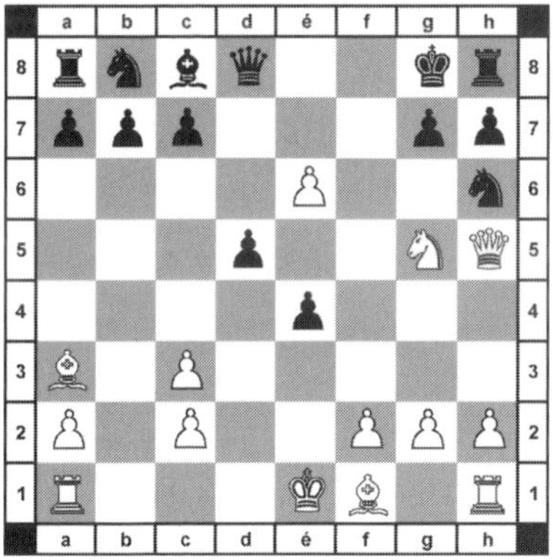

129
Weiß kündigt Matt in zwei Zügen an.

11. Dh5–f7+!!	**11. Sh6 × Df7**
12. é6 × Sf7#	

39. Partie

Weiß: Saulson Schwarz: Philips

Chicago 1907

1. d2–d4	**1. Sb8–c6**
2. é2–é4	**2. é7–é5**
3. d4–d5	**3. Sc6–é7**
4. f2–f4	**4. d7–d6**
5. Sg1–f3	**5. Lc8–g4**
6. Sb1–c3	**6. Sé7–g6**
7. h2–h3	**7. Lg4 × Sf3**
8. Lf1–b5+	**8. c7–c6**
9. d5 × c6!!	**9. …**

Das vernichtende Damenopfer.

9. …	**9. Lf3 × Dd1**
10. c6 × b7(+)	**10. Ké8–é7**
11. Sc3–d5+	**11. Ké7–é6**
12. f4–f5#	

Der Bauernsturm

Der Bauernsturm – oder Bajonett-Angriff – entscheidet oft den Ausgang des Spiels.

1. Ein einfaches Beispiel

40. Partie

Weiß: N. N. Schwarz: M. Bier

Hamburg 1905

1. f2–f4	**1. é7–é5!?**
2. f4×é5	**2. d7–d6**
3. é5×d6	**3. Lf8×d6**

Das gefürchtete Froms-Gambit. Für den geopferten Bauern erhält Schwarz drei Tempi Entwicklungsvorsprung und kann später seine Türme im d- und é-Weg aufstellen. Überdies droht Schwarz mit Matt in drei Zügen (Dd8–h4+; 5. g2–g3, Dh4×g3+!!; 6. h2×Dg3, Ld6×g3#). Weiß muss daher vor allem das Matt parieren:

4. Sg1–f3!	**4. g7–g5?!**

um mit dem weiteren Vormarsch des Bauern den Springer zu verjagen. Doch ist der Textzug mehr als riskant, verliert ein wichtiges Tempo und kommt einem Harakiri gleich. Schwarz hat zwei bessere Fortsetzungen: 4. … Lc8–g4 und Sg8–f6. (Ungesund wäre jedoch 4. … Sg8–h6?!.)

5. é2–é4?!	**5. …**

Die einzige gute Fortsetzung ist an dieser Stelle 5. d2–d4!

5. …	**5. g5–g4**
6. é4–é5?	**6. g4 × Sf3**
7. é5 × Ld6	**7. Dd8–h4+**
8. g2–g3	**8. Dh4–é4+**
9. Ké1–f2	**9. Dé4–d4+**

Weiß darf den kühnen Bauern nicht schlagen, da er nach 10. Kf2 × f3?, Lc8–g4+ die Dame verlöre.

10. Kf2–é1	**10. f3–f2+**
11. Ké1–é2	**11. Lc8–g4#**

2. Der Bauernvormarsch

41. Partie

Weiß: Dr. Savielly Tartakower Schwarz: Jacques Mieses
Baden-Baden 1925

1. d2–d4	**1. f7–f5**

Der Kampf um das Mittelfeld é4. Weiß hat drei brauchbare Züge:
a) 2. g2–g3, Sg8–f6; 3. Lf1–g2,
b) 2. c2–c4, é7–é6; 3. Sb1–c3
c) und das Staunton-Gambit:

2. é2–é4!?	**2. f5 × é4**

Schwarz muss das Gambit annehmen, weil die Ablehnungen: d7–d6; 3. é4 × f5, Lc8 × f5; 4. Lf1–d3!
oder 2. … é7–é6; 3. é4 × f5, é6 × f5; 4. Lf1–d3!

für Weiß günstig sind.

3. Sb1–c3 **3. Sg8–f6**

Nicht jedoch d7–d5?; 4. Dd1–h5+!

4. g2–g4 **4. ...**

Der Auftakt zum Bajonett-Angriff. Andere gute Möglichkeiten sind: 4. Lc1–g5 oder 4. f2–f3, é4×f3; 5. Sg1×f3, g7–g6.
Mit dem Textzug beabsichtigt Weiß, den Springer f6 zu verjagen.

4. ... **4. d7–d5!?**

Schwarz will die Beute behalten, er verliert aber viel Raum:

5. g4–g5! **5. ...**

Schwarz könnte jetzt Lc8–g4 versuchen: 6. f2–f3, é4×f3; 7. g5×Sf6??, f3–f2(+) nebst Lg4×Dd1, Damenverlust.

5. ... **5. Sf6–g8**
6. f2–f3! **6. ...**

Beseitigt den starken schwarzen Zentrumsbauern é4.

6. ... **6. é4×f3**

Nach dem besseren Lc8–f5 folgte 7. f3×é4, d5×é4; 8. Lf1–c4!

7. Dd1×f3 **7. é7–é6?**

Hier sollte Sb8–c6! geschehen. 8. Lc1–é3, é7–é5!

8. Lf1–d3! **8. ...**

Es droht 9. Df3–h5+, g7–g6; 10. Ld3 × g6+!!. Um diese Drohung auszuschalten, zieht Schwarz:

8. …	**8. g7–g6**
9. Sg1–é2	**9. Dd8–é7**
10. Lc1–f4	**10. c7–c6**
11. Lf4–é5!	**11. …**

Danach beherrscht der Läufer das Feld d6.

11. …	**11. Lf8–g7**
12. Df3–g3!	**12. …**

Jetzt würde Lg7 × Lé5?; 13. Dg3 × Lé5! eine Figur verlieren.

12. …	**12. Sb8–a6**

Der doppelt angegriffene Springer b8 musste flüchten. Neben dem exzentrischen Textzug ist auch Sb8–d7 möglich.

13. 0–0	**13. Lc8–d7**

Schwarz möchte lang rochieren. Daraus wird aber nichts.

14. Lé5–d6!	**14. Dé7–d8**
15. Dg3–f4!	**Schwarz gab auf.**

Es droht Damenmatt auf f7 und f8. Diese Doppeldrohung kann nicht pariert werden; zum Beispiel:

15. …	**15. Sg8–f6**
16. g5 × Sf6	**16. Lg7–f8**
17. f6–f7#	

42. Partie

Weiß: Nicolas Rossolimo Schwarz: Romanenko

Salzburg 1948

1. é2–é4	**1. c7–c5**
2. Sg1–f3	**2. Sb8–c6**
3. Lf1–b5	**3. g7–g6**
4. 0–0	**4. Lf8–g7**
5. Tf1–é1	**5. Sg8–f6**
6. Sb1–c3	**6. Sc6–d4?**

Notwendig war d7–d6 oder 0–0.

7. é4–é5!	**7. Sf6–g8**

Unwürdiger Rückzug. Aber nach Sd4×Lb5; 8. é5×Sf6, Sb5×Sc3; 9. é6×Lg7 verlöre Schwarz eine Figur.

8. d2–d3	**8. Sd4×Lb5**

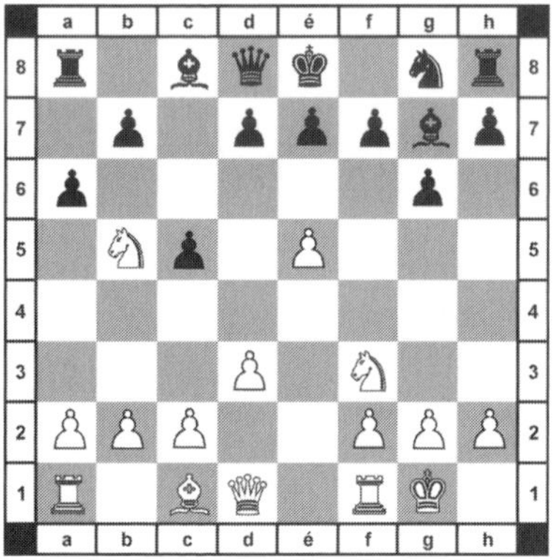

130
Stellung nach dem 9. Zug

Schwarz verlor einige Tempi, um den weißen Läufer abzutauschen.

9. Sc3 × Sb5 **9. a7–a6**

(s. Diagramm S. 233)

10. Sb5 – d6+!! **10. ...**

Ein Blitz aus heiterem Himmel. Das Springeropfer verschafft Entwicklungsvorsprung und auch Beherrschung des Zentrums.

10. ... **10. é7 × Sd6??**

Besser wäre es, mit dem König nach f8 zu gehen. Die Annahme des Springeropfers führt in den Untergang.

11. Lc1–g5 **11. Dd8 – a5**
12. é5 × d6(+) **12. Ké8 – f8**
13. Té1–é8+!! **13. ...**

Weiß opfert auch den Turm, um ein einziges Tempo für die Dame zu gewinnen.

13. ... **13. Kf8 × Té8**
14. Dd1–é2+ **14. Ké8 – f8**
15. Lg5 – é7+ **15. ...**

Wenn jetzt Sg8 × Lé7, dann 16. Dé2 × Sé7+, Kf8 – g8; 17. Sf3 – g5! nebst 18. Dé7 × f7#.

15. ... **15. Kf8 – é8**
16. Lé7– d8(+)!! **16. ...**

Zum Schluss noch ein prächtiges Läuferopfer, das nicht abgelehnt werden kann.

16. …	**16. Ké8 × Ld8**
17. Sf3 – g5!	**17. …**

Es droht 18. Sg5 – f7#.

17. …	**17. Sg8 – h6**
18. Dé2 – é7#	

3. Vormarsch der Zentrumsbauern

43. Partie

Weiß: Bisguer — Schwarz: Baker

New York 1958

1. d2 – d4	**1. Sg8 – f6**
2. c2 – c4	**2. g7 – g6**

Das ist die Königsindische Verteidigung.

3. Sb1 – c3	**3. Lf8 – g7**
4. é2 – é4	**4. d7 – d6**
5. Lc1 – g5	**5. …**

Üblich ist an dieser Stelle das Zentrumsspiel 5. f2 – f3.

5. …	**5. c7 – c5**
6. d4 – d5	**6. 0 – 0**
7. Lf1 – d3	**7. a7 – a6?**

Richtig ist an dieser Stelle ein Gegenangriff in der Mitte: durch é7–é6.

8. f2–f4	**8. b7–b5?**

Hier sollte Schwarz gegen den drohenden Vorstoß é4–é5 Maßnahmen ergreifen. Also 8. … Sf6–é8; 9. Sg1–f3, Lc8–g4.

9. Sg1–f3	**9. Sb8–d7**
10. 0–0	**10. Ta8–b8**
11. é4–é5	**11. …**

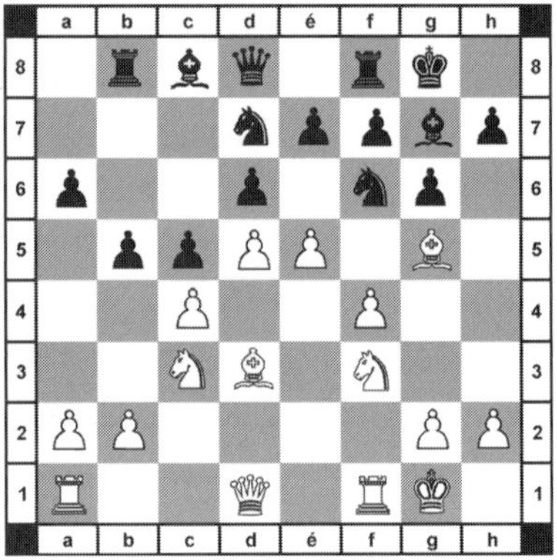

131

Die mächtige weiße Bauernmitte setzt sich in Bewegung und drängt die schwarzen Figuren zurück.

11. …	**11. Sf6–é8**
12. Dd1–é2	**12. f7–f6**
13. é5–é6	**13. Sd7–b6**
14. f4–f5!!	**14. …**

Weiß opfert den Läufer, um den Springer auf das Schlüsselfeld f7 zu bringen.

14. …	**14. f6 × Lg5**
15. Sf3 × g5	**15. …**

Jetzt würde nach b5 × c4; 16. Ld3 – é4 geschehen, und der Läufer wirkt auf seiner Schräge nach g6 und h7.

15. …	**15. h7 – h6**
16. Sg5 – f7!	**16. …**

Eine Blockade. Schwarz ist völlig machtlos.

16. …	**16. Dd8 – c7?**

Notwendig war das Rückopfer Tf8 × Sf7!!.

17. f5 × g6!	**17. …**

Öffnet dem weißen Turm den f-Weg.

17. …	**17. b5 × c4**
18. Ld3 – é4	**18. Sé8 – f6**
19. Dé2 – d2!	**19. …**

Angriff gegen den Bauern h6.

19. …	**19. Tf8 × Sf7**

Erzwungen. Sonst gewänne Sf7 × h6+ sofort.

20. g6 × Tf7+	**20. Kg8 – f8**
21. Lé4 – g6	**21. Lc8 – b7**

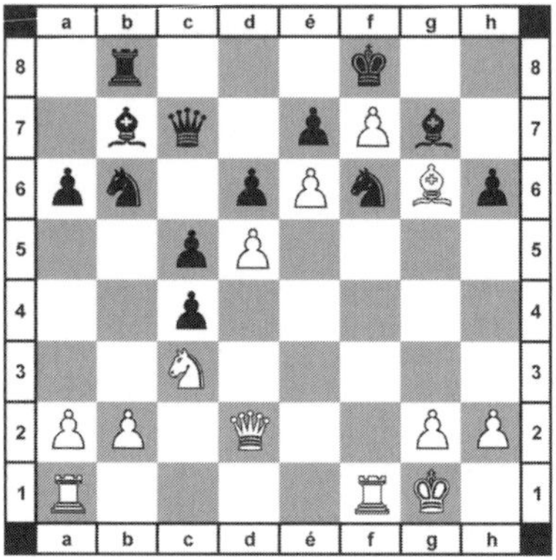

132

22. Tf1 × Sf6!!	**22. Lg7 × Tf6**
23. Dd2 × h6+	**23. Lf6 – g7**
24. Dh6 – h7!	**24. ~**
25. Dh7– g8#	

Längerer Widerstand war möglich nach 22. Tf1 × Sf6!!, é7 × Tf6!; 23. é6 – é7+!!, Dc7 × é7; 24. Ta1 – é1, Sb6 – c8; 25. Té1 × Dé7, Sc8 × Té7; 26. Lg6 – h5.

4. Ein musterhafter Bajonett-Angriff

44. Partie

Weiß: Victor Soultanbéieff Schwarz: John Davidson
Brüssel 1939, Länderkampf Belgien – Holland

1. d2–d4	**1. Sg8–f6**
2. c2–c4	**2. é7–é6**
3. Sb1–c3	**3. b7–b6?**

Der Textzug wird meistens nach Sg1–f3 gespielt. Jetzt aber gestattet er dem Anziehenden, ein starkes Zentrum aufzubauen. Richtig war 3. … d7–d5 oder 3. … Lf8–b4.

4. é2–é4	**4. Lc8–b7**
5. Lf1–d3	**5. Lf8–b4**
6. Dd1–é2	**6. …**

Hier steht die Dame besser als auf c2 und erschwert unter anderem den Gegenstoß d7–d5.

6. …	**6. c7–c5**
7. d4–d5	**7. d7–d6**
8. Lc1–g5	**8. Sb8–d7**
9. Sg1–f3	**9. h7–h6**
10. Lg5–d2	**10. 0–0**

Nach 10. … é6–é5 würde 11. Sf3–h4!, Sf6 × d5; 12. Sh4–f5! folgen oder 10. … é6 × d5; 11. é4 × d5(+), Dd8–é7; 12. Sc3–b5!.

11. d5 × é6!	**11. …**

Zwar bekommt der schwarze Flankenläufer mehr Luft, doch sind der schwarze Damenbauer und die Rochade-Stellung geschwächt.

11. ...	**11. f7×é6**
12. 0–0–0!	**12. ...**

Das Vorspiel zu einem Bajonett-Angriff am Königsflügel, wo der Zug h7–h6 eine ernste Schwächung der schwarzen Rochadestellung bedeutet.

12. ...	**12. a7–a6**

Schwarz möchte einen Angriff am Damenflügel, aber seine Stellung ist dafür nicht günstig.

13. h2–h3	**13. Sf6–é8?**
14. h3–h4!	**14. ...**

Kein Tempoverlust, sondern die Folge des letzten schwarzen Zuges. Ungünstig wäre der sofortige 14. g2–g4? wegen Dd8–f6!. Schwarz erbeutet den Bf2, da der angegriffene Springer flüchten muss.
Also muss vor g2–g4 der Springer f3 von dem Turm überdeckt werden. Der Textzug hat das Feld h3 für den Turm geräumt.

14. ...	**14. Dd8–f6**
15. Th1–h3	**15. Sd7–é5**
16. Sf3×Sé5	**16. Df6×Sé5**

Etwas besser war d6×Sé5, worauf Weiß 17. f2–f3 nebst 18. g2–g4 spielen wollte.

17. g2–g3	**17. Dé5–f6**
18. f2–f4	**18. b6–b5**
19. g3–g4	**19. …**

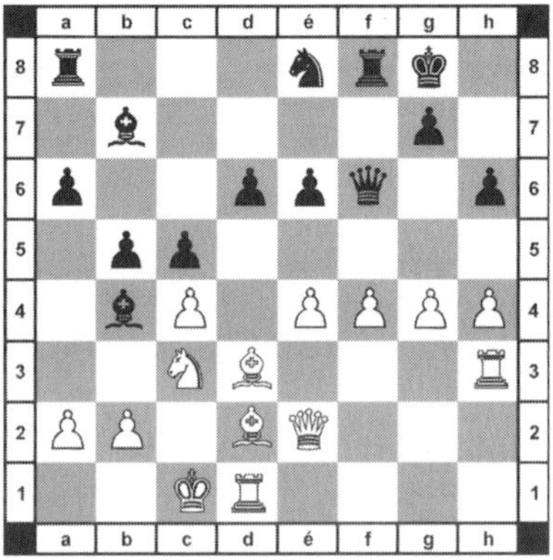

133

Die weiße Infanterie greift mutig an.

19. …	**19. Lb4 × Sc3**
20. b2 × Lc3	**20. Df6–f7**
21. g4–g5	**21. b5 × c4**
22. Ld3–c2!	**22. …**

Der Läufer verbleibt auf der Angriffschräge c2–h7. Nach 22. Ld3 × c4?, d6–d5! hätte Schwarz Gegenspiel.

22. …	**22. h6–h5**

Sonst würde die Öffnung des g-Weges fatal.

23. f4–f5	**23. é6 × f5**
24. é4 × f5	**24. d6–d5**
25. Th3–é3!	**25. …**

Feiner und stärker als der sofortige 25. g5–g6?, Df7–d7; 26. Dé2 × h5, Sé8–f6; 27. Dh5–g5, d5–d4!. Verlängert den Widerstand.

25. …	**25. d5–d4**
26. g5–g6!	**26. Df7–d7**

Nicht besser ist Df7–d5; 27. Té3 × Sé8!, Tf8 × Té8; 28. Dé2 × h5.

27. Té3 × Sé8!!	**27. …**

Der wichtigste Verteidiger wird liquidiert.

27. …	**27. Tf8 × Té8**
28. Dé2 × h5	**28. Lb7–d5**
29. Dh5–h7+	**29. Kg8–f8**
30. f5–f6	**30. Ld5–g8**
31. Dh7–h8!	**31. …**

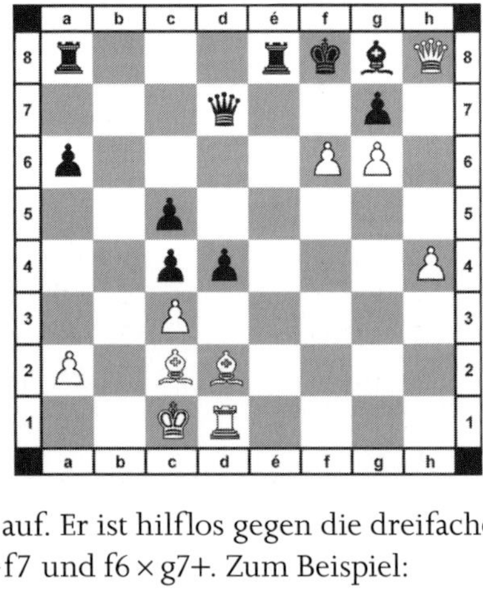

134

Schwarz gab auf. Er ist hilflos gegen die dreifache Drohung: Ld2–g5, f6–f7 und f6 × g7+. Zum Beispiel:

31. ...	31. g7 × f6
32. Dh8 × f6+	32. Lg8 – f7
33. Ld2 – h6+	33. Kf8 – g8
34. Df6 – g7#	

(Bemerkungen von Victor Soultanbéieff)

5. Die Kraft des Bauernzentrums

Weiß: MacDonnel Schwarz: de la Bourdonnais

London 1834

1. é2 – é4	1. c7–c5
2. Sg1–f3	2. Sb8 – c6
3. d2 – d4	3. c5 × d4
4. Sf3 × d4	4. é7–é5

Der Bauer d7 wird rückständig. Doch ist der Textzug spielbar.

5. Sd4 × c6?	5. ...

Besser ist 5. Sd4 – b5! Nun werden die schwarzen Bauern zu stark.

5. ...	5. b7 × Sc6
6. Lf1–c4	6. Sg8 – f6
7. Lc1–g5	7. Lf8 – é7
8. Dd1–é2	8. d7–d5
9. Lg5 × f6	9. ...

Stärker ist der sofortige Abtausch 9. é4 × d5.

9. ...	**9. Lé7 × Lf6**
10. Lc4–b3	**10. 0–0**
11. 0–0	**11. a7–a5!**

Es droht sowohl Lc8–a6 wie auch der weitere Vormarsch a5–a4.

12. é4 × d5	**12. c6 × d5**
13. Tf1–d1	**13. d5–d4**
14. c2–c4?	**14. ...**

Weiß sollte nach 14. c2–c3 zumindest einen schwarzen Zentrumsbauern beseitigen.

14. ...	**14. Dd8–b6**
15. Lb3–c2	**15. ...**

Eine primitive Falle. Falls Db6 × b2??, dann würde Schwarz nach 16. Lc2 × h7+ die Dame verlieren.

15. ...	**15. Lc8–b7**
16. Sb1–d2	**16. ...**

Auch jetzt käme Schwarz nach Db6 × b2?; 17. Ta1–b1 in Schwierigkeiten.

16. ...	**16. Ta8–é8!**
17. Sd2–é4	**17. Lf6–d8**

Um f7–f5 zu ermöglichen.

18. c4–c5	**18. Db6–c6**
19. f2–f3	**19. Ld8–é7**
20. Ta1–c1	**20. f7–f5!**

Schwarz opfert die Qualität, um sein Bauernzentrum zu verstärken.

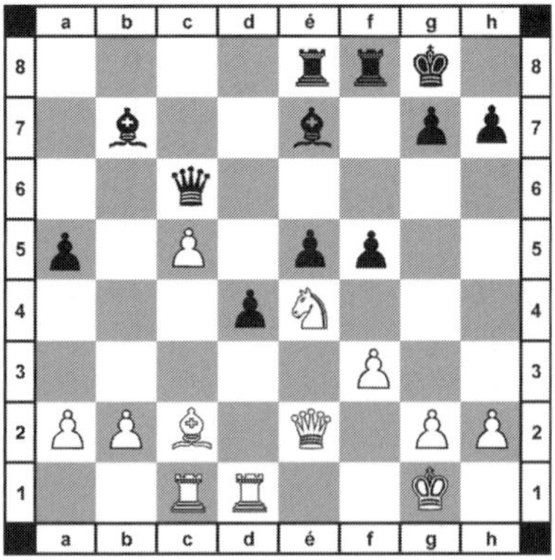

135

21. Dé2–c4+!	**21. Kg8–h8**
22. Lc2–a4	**22. Dc6–h6**
23. La4 × Té8	**23. f5 × Sé4**
24. c5–c6	**24. é4 × f3!!**

Es droht Dh6–é3+ nebst Mattangriff. Deshalb darf Weiß den Läufer b7 nicht schlagen.

25. Tc1–c2	**25. Dh6–é3+**
26. Kg1–h1?	**26. ...**

Hier könnte Weiß mit 26. Tc2–f2, f3 × g2; 27. Dc4–é2 das Ärgste vermeiden.

26. ...	**26. Lb7–c8**
27. Lé8–d7	**27. f3–f2**
28. Td1–f1	**28. d4–d3**
29. Tc2–c3	**29. Lc8 × Ld7**
30. c6 × Ld7	**30. é5–é4**
31. Dc4–c8	**31. Lé7–d8**

Weiß ist unrettbar verloren. Selbst 32. Tc3–c1 hilft nicht wegen d3–d2; 33. Tc1–d1, Dé3–d4!, und Schwarz gewinnt.

32. Dc8–c4	**32. Dé3–é1**
33. Tc3–c1	**33. d3–d2!**
34. Dc4–c5	**34. Tf8–g8**
35. Tc1–d1	**35. é4–é3**
36. Dc5–c3	**36. Dé1 × Td1**
37. Tf1 × Dd1	**37. é3–é2!!**

Weiß gibt auf. Drei Bauern in der zweiten Reihe haben Dame und Turm besiegt. Die Schlussstellung ist ein Unikum in der Schachliteratur.

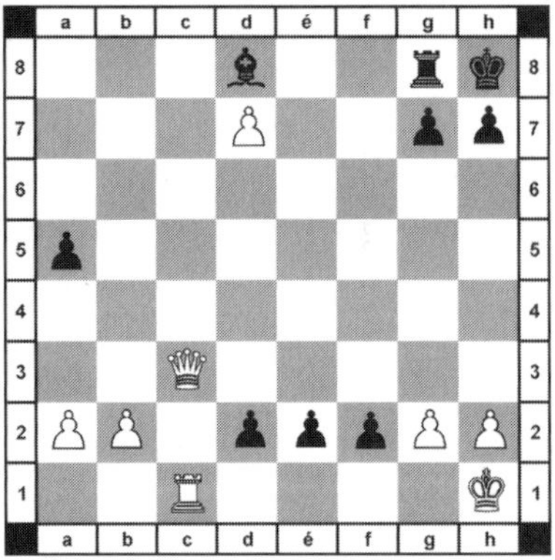

136

Die Blockade

Die Elemente des Schachspiels sind:
die Materie (die Steine),
die Zeit (die Züge) und
der Raum (die Felder).

Man kann demnach Schachpartien auf drei Arten gewinnen:
1) materieller Vorteil (stärkere Kräfte),
2) Zeitvorteil (Vorteil auf entscheidender Stelle),
3) Raumvorteil (der Besitz von mehr Feldern, als der Gegner hat).

Die ersten zwei Fälle sind uns schon bekannt. Es bleibt noch, die Ausnutzung des Raumvorteils zu erklären:
Der Verlierer wird eingeengt und förmlich erdrosselt. Zum Schluss gerät er in Zugzwang, so dass er nur lauter schlechte Züge hat. In diesem Stadium wird er entweder matt gesetzt, oder er erleidet so große materielle Verluste, dass das Weiterspielen aussichtslos ist. Der Gewinn durch Raummangel gehört zur hohen Schule der Schachstrategie. Wir begnügen uns daher mit drei leichtverständlichen Beispielen.

1. Ein Blockade-Spiel

45. Partie

Aaron Nimzowitsch — A. Hakansson

Kristianbad 1922

1. é2–é4	**1. é7–é6**
2. d2–d4	**2. d7–d5**
3. é4–é5	**3. ...**

Nimzowitsch's Lieblingszug engt den Gegner ein. Üblich ist 3. Sb1–c3 oder 3. Sb1–d2. Doch ist der Textzug der erste Schritt zur Einengung des Gegners. Schwarz muss sehr sorgfältig spielen, sonst gerät er in Nachteil.

3. ...	**3. c7–c5!**
4. Dd1–g4	**4. ...**

Die frühe Entwicklung der Dame geschieht hier ohne Bedenken, weil die Dame nicht mit einem Entwicklungszug vertrieben werden kann. Der weiße Vorposten auf é5 verhindert Sg8–f6, und die weiße Dame verbietet die Entwicklung des Königsläufers; sonst würde Dg4×g7 den Turm erbeuten.

Andere Möglichkeiten sind: die Verteidigung des Zentrums mit 4. c2–c3 oder d4×c5 beziehungsweise 4. Sg1–f3.

4. ...	**4. c5×d4**

Beseitigt die Deckung des vorgepreschten weißen Bauern é5.

5. Sg1–f3	**5. Sb8–c6**

Schwarz spielt auf Eroberung des weißen Vorpostens. Stärker als der Textzug ist f7–f5; 6. Dg4–g3, Sg8–é7; 7. Lf1–d3, Sé7–c6!.

6. Lf1–d3 6. f7–f5?

Schwarz erwartet 7. é5×f6 e.p.?, Sg8×f6, Angriff auf die weiße Dame und Befreiung des schwarzen Spiels.

7. Dg4–g3! 7. Sg8–é7

Die normale Entwicklung des Nachziehenden erschweren die weiße Dame und sein Bauer. Der Springer muss nochmals ziehen, um den Läufer f8 zu befreien.

8. 0–0 8. Sé7–g6

Scheinbar hat Schwarz die Entwicklung seines Königsflügels gemeistert, deckt den Bauern g7, und die schwarzen Rössel greifen den weißen Vorposten é5 an.

9. h2–h4! 9. …

Weiß droht mit dem Vormarsch h4–h5, den schwarzen Springer nach é7 zurückzujagen, wo er erneut den Läufer einsperren und die ganze schwarze Stellung beengen würde.

9. … 9. Dd8–c7

Nun ist der Bauer é5 dreimal angegriffen, aber nur zweimal gedeckt. Nach etwa 10. h4–h5? folgte Sg6×é5.

10. Tf1–é1 10. …

Jetzt ist der Bauer auch dreimal verteidigt, und es droht erneut der Vormarsch h4–h5.

10. ...	**10. Lc8–d7**

bereitet die lange Rochade vor und eventuell einen Gegenangriff auf dem Königsflügel.

11. a2–a3!	**11. ...**

Weiß merkt, dass Schwarz lang rochieren will, und deshalb bereitet er einen Angriff auf dem Damenflügel vor!

11. ...	**11. 0–0–0**
12. b2–b4	**12. ...**

„Beißzangenangriff“ mit Bauern auf beiden Flügeln. Statt aggressiv zu werden, ist Schwarz zu Rückzügen gezwungen.

12. ...	**12. a7–a6?**

Ängstlich gespielt, 12. ... f5–f4! bot die einzige Gegenchance.

13. h4–h5!	**13. Sg6–é7**
14. Lc1–d2	**14. ...**

Der Läufer überdeckt den Bauern b4. Es wird damit a3–a4 nebst b4–b5 vorbereitet. – Gut war auch 14. Sf3–g5–f7, aber Weiß verfolgt einen anderen Plan.

14. ...	**14. h7–h6**

Verhindert Sf3–g5.

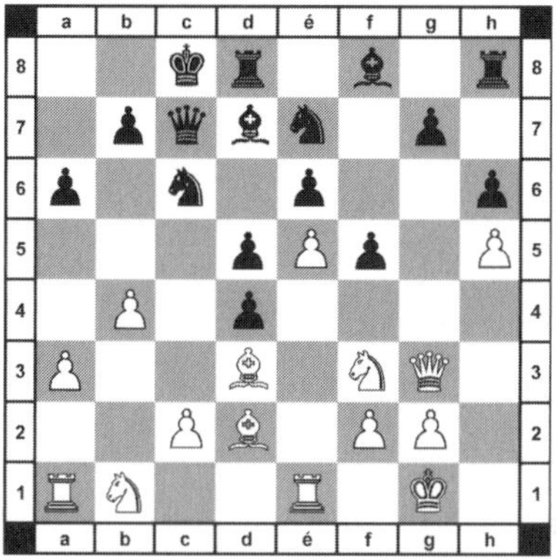

137

Schwarz ist in eine hilflose Stellung geraten. Die Figuren des Nachziehenden hindern einander gegenseitig, und es gibt keinen vernünftigen schwarzen Figurenzug.

15. a3–a4!	**15. ...**

Weiß droht, mit dem weiteren Vormarsch b4–b5 die ganze schwarze Rochadestellung zu zerreißen.

15. ...	**15. g7–g5**

in der Hoffnung auf 16. h5×g6 e.p. Schwarz könnte dann Th8–g8 fortsetzen mit baldiger Zurückeroberung des geopferten Bauern.

16. b4–b5	**16. ...**

Eine Gabel. Der Bauer beabsichtigt, entweder den Sc6 oder den Ba6 zu schlagen.

16. ...	**16. f5–f4**
17. Dg3–g4	**17. Sc6–b8**

Der Springer ist nun gestrandet, und seine einzige Aufgabe ist, den angegriffenen Turmbauern a6 zu schützen. Schwarz fürchtete den Bauerntausch, weil danach der a-Weg geöffnet und sein König von dem weißen Turm gefährdet würde.

18. c2–c3!	**18. …**

Nicht jedoch 18. b5 × a6!, Sb8 × a6, und der schwarze Springer käme wieder ins Spiel. Einfacher als der Textzug war 18. Sf3 × d4.

18. …	**18. Td8–é8**

Räumt das Feld d8 für seinen König. Schlecht wäre d4 × c3? wegen der Fesselung 19. Té1–c1! mit Bedrohung der königlichen Familie.

19. c3 × d4	**19. …**

Öffnet den c-Weg für den weißen Turm. Weiß droht Té1–c1, und erst dann beginnen die Sorgen des Nachziehenden.

19. …	**19. Kc8–d8**
20. Té1–c1	**20. …**

Eine der großen „Kanonen" speit Feuer gegen den verwirrten Feind.

20. …	**20. Dc7–b6**

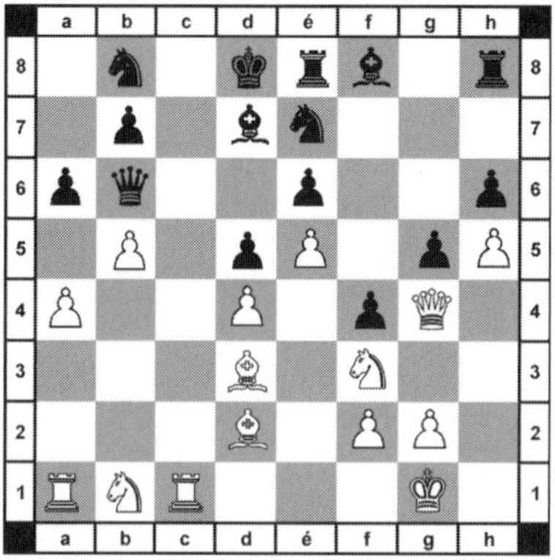

138

Ein anderes Fluchtfeld hat die Dame nicht. Die schwarzen Figuren haben wenig Spielraum und stehen einander im Weg. Einige Figuren sind völlig blockiert und können überhaupt nicht ziehen. Die anderen haben nur bedeutungslose, unnütze Züge.

21. a4–a5!	**21. ...**

Die angegriffene Dame hat nur ein einziges Fluchtfeld für ihren ruhmlosen Rückzug, um ihr bloßes Leben zu retten:

21. ...	**21. Db6–a7**
22. b5–b6	**22. Da7–a8**

Langsam, aber sicher erwürgt die weiße Armee den Feind. Nach dem erfolgreichen Flügelangriff folgt nun der Durchbruch im Zentrum:

23. Tc1–c7!	**23. Sé7–f5!**

um etwas Freiheit zu erlangen und die Beweglichkeit beider Läufer zu erkämpfen. Der Königsläufer kann nach é7 ziehen, und der Damenläufer ist von der Verteidigung des Bauern é6 befreit.

24. Sb1–c3 **24. …**

Weiß holt die Reserven im Kampf für den entscheidenden Schlussangriff. Er beabsichtigt, das schwarze Zentrum zu zerschlagen.

24. … **24. Lf8–é7**

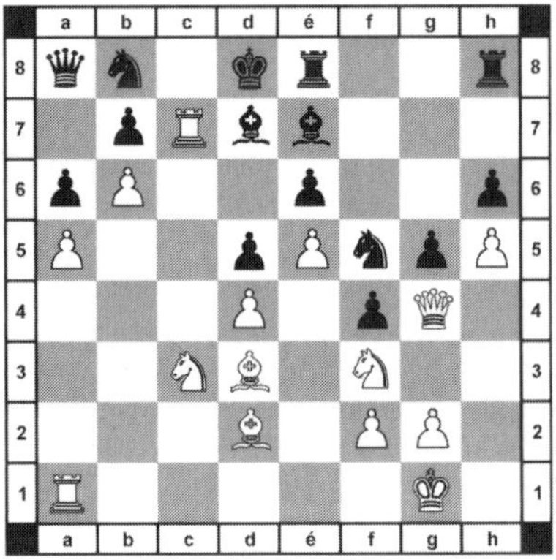

139

25. Sc3×d5!! **25. …**

Falls nun é6×Sd5, dann 26. Ld3×Sf5, und der Durchbruch ist gelungen.

25. … **25. Sf5×d4**

Schwarz hat nichts Besseres.

26. Sf3 × Sd4	26. é6 × Sd5
27. Dg4 × Ld7+!!	27. Sb8 × Dd7
28. Sd4 – é6#	

Ein Schulbeispiel für die Blockade und für Ausnutzung eines Raumvorteils. (Anmerkungen nach Kenneth Harknes)

2. Herrliche Einengung

46. Partie

Weiß: Carl Schlechter Schwarz: David Janowski

Paris 1900

1. é2 – é4	1. é7 – é5
2. Sg1 – f3	2. Sb8 – c6
3. Lf1 – b5	3. Sg8 – f6
4. 0 – 0	4. Sf6 × é4
5. d2 – d4	5. …

Stärker als 5. Tf1 – é1 oder 5. Dd1 – é2.

5. …	5. Lf8 – é7

Sichere Verteidigung. In Betracht käme auch 5. … Sé4 – d6.

6. Dd1 – é2	6. Sé4 – d6
7. Lb5 × Sc6	7. b7 × Lc6

Auch d7 × Lc6 ist spielbar.

8. d4 × é5	8. Sd6 – b7
9. Sb1 – c3	9. 0 – 0
10. Tf1 – é1	10. Tf8 – é8?

Günstiger ist das Manöver Sb7–c5–é6.

11. Dé2–c4! **11. Sb7–c5**
12. Sf3–g5 **12. …**

Weiß nutzt energisch den Mangel des Zuges Tf8–é8 aus.

12. … **12. Lé7 × Sg5**
13. Lc1 × Lg5 **13. Dd8 × Lg5**
14. Dc4 × Sc5 **14. Té8–é6?**

Der Turm soll den Vorstoß d7–d5 vorbereiten. Dieser Plan ist zwar nachteilig, aber etwas Besseres ist nicht ersichtlich.

15. Dc5–d4! **15. Lc8–b7?**

Ein offensichtlicher Tempoverlust.

16. Dd4–b4 **16. …**

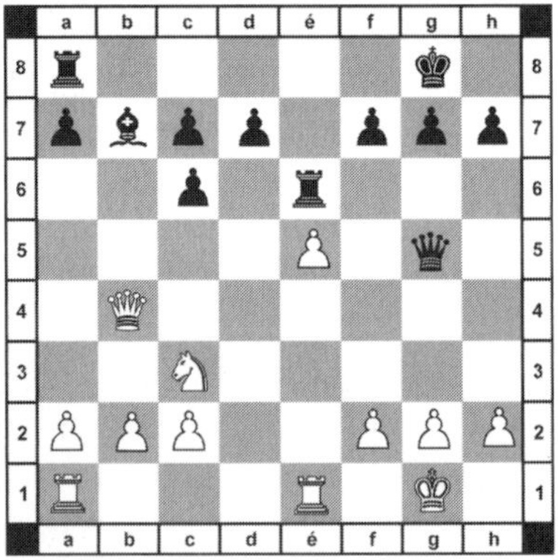

140

16. … **16. Lb7–c8**

Noch schlechter war Lb7–a6?; 17. Sc3–é4!, Dg5–é7!; 18. Sé4–c5! La6–c8; 19. f2–f4! mit Gewinnstellung.

17. Sc3–é4	**17. Dg5–é7**

Nach Dg5 × é5; 18. Sé4–c5!, Dé5–d6; 19. Té1–d1 verlöre Schwarz die Qualität.

18. Sé4–c5	**18. Té6–g6**

Nach Té6 × é5?; 19. Té1 × Té5, Dé7 × Té5 wäre 20. Ta1–é1! tödlich. Schwarz kann zwischen Damenverlust oder Flurmatt wählen.

19. Té1–é3	**19. a7–a5**
20. Db4–d4	**20. Ta8–b8**
21. c2–c4!	**21. …**

Verhindert Tb8–b5.

21. …	**21. h7–h6**
22. b2–b3	**22. Kg8–h7**
23. Ta1–d1	**23. Dé7–g5**
24. Té3–g3!	**24. …**

Deckt das Matt auf g2.

24. …	**24. Dg5–f5**
25. Tg3 × Tg6	**25. f7 × Tg6**
26. h2–h3	**26. Tb8–a8**
27. a2–a4	**27. Ta8–b8**

Schwarz ist gelähmt und hat keinen vernünftigen Zug.

28. Td1–d3	**28. Df5–g5**
29. Kg1–h2	**28. …**

Die Vorbereitung zu einem Bajonett-Angriff.

29. ...	**29. Dg5–é7**
30. f2–f4	**30. Dé7–f7**

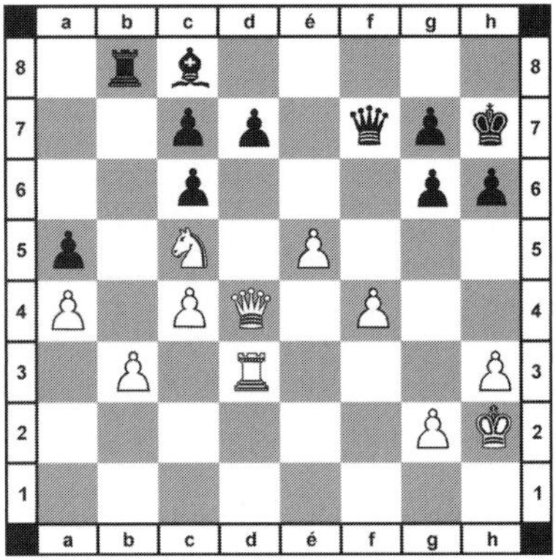

141

31. é5–é6!	**31. ...**

vollendet die vollständige Lähmung des Nachziehenden.

31. ...	**31. d7×é6**
32. Dd4–é5	**32. Df7–é7**
33. g2–g4	**33. Tb8–b4**

Völlige Hilflosigkeit.

34. Kh2–g3	**34. ...**

Auch der weiße König nimmt am Schlussangriff teil.

34. …	**34. Tb4–b6**
35. h3–h4	**35. Dé7–f8**
36. h4–h5	**36. g6×h5**
37. Dé5×h5	**37. Tb6–b8**
38. Dh5–é5	**38. Tb8–b4**
39. g4–g5	**39. h6–h5**
40. g5–g6+!!	**40. …**

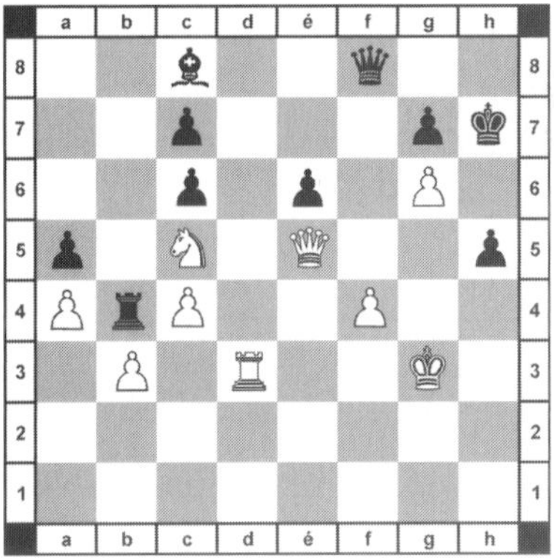

142

Der Gewinnzug – gleich, ob Schwarz den Bauern schlägt oder nicht.

40. …	**40. Kh7×g6**
41. Dé5–g5+	**41. Kg6–h7**
41. Dg5×h5+	**42. Kh7–g8**
43. Dh5–g5!!	**43. …**

Es droht Td3–d8! mit Vernichtung.

43. ...	**43. Kg8–f7**
44. Td3–d8	**44. Df8–é7**
45. Dg5–h5+	**Schwarz gab auf.**

Falls Kf7–f6, dann 46. Sc5–é4#.
Oder 45. ... g7–g6; 46. Dh5–h7+, Kf7–f6; 47. Sc5–é4+, und Schwarz verliert „Haus und Hof“. (Anmerkungen nach M. Hofer)

3. Das Blumenfeld-Gambit

47. Partie

Weiß: Dr. Siegbert Tarrasch

Schwarz: Dr. Alexander Aljechin

Pistyany 1922

1. d2–d4	**1. Sg8–f6**
2. Sg1–f3	**2. é7–é6**
3. c2–c4	**3. c7–c5?!**

Der Aufbau é7–é6 nebst c7–c5(?) ermöglicht dem Anziehenden, ein starkes Bauernzentrum aufzubauen.

4. d4–d5	**4. ...**

Will Weiß das Blumenfeld-Gambit vermeiden, dann spielt er (statt des Textzuges) 4. g2–g3 nebst Lf1–g2.

4. ...	**4. b7–b5!?**

Das ist das gefährliche Blumenfeld-Gambit. Mit dem Bauernopfer will Schwarz eine Überlegenheit im Zentrum sichern.

5. d5×é6?	**5. ...**

Besser als der Textzug ist 5. Lc1–g5!, womit Weiß Bauernmehrheit im Zentrum erlangen könnte. Der Abtausch kommt eigentlich einer Aufgabe des Zentrums gleich. Nicht ganz einwandfrei wäre auch 5. c4 × b5 wegen Sf6 × d5!

5. … **5. f7 × é6**

Oder d7 × é6? 6. Dd1 × Dd8+, und Schwarz kann nicht mehr rochieren.

6. c4 × b5 **6. d7–d5**

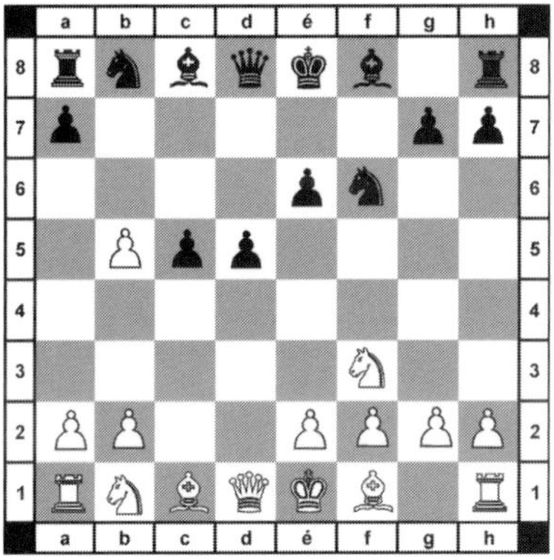

143

Schwarz hat ein furchterregendes Bauernzentrum auf Kosten eines Bauern. Es droht überdies Dd8 – a5+ nebst Rückgewinn des Mehrbauern.

7. é2 – é3? **7. …**

Nach diesem zu passiven Zug erhält Schwarz freie Hand in der Mitte.

7. ...	**7. Lf8–d6**
8. Sb1–c3	**8. ...**

Spielbar ist auch 8. Sb1–d2. Beide Springerzüge dienen zur Vorbereitung des Angriffs é3–é4.

8. ...	**8. 0–0**

Genauer ist Lc8–b7.
Nach der Rochade wäre nun 9. é3–é4! stark; zum Beispiel d5×é4; 10. Sf3–g5!

9. Lf1–é2?	**9. ...**

Nun kann Schwarz ungestört seine Figuren entwickeln und einen Angriff vorbereiten.

9. ...	**9. Lc8–b7**
10. b2–b3	**10. ...**

Noch immer war 10. é3–é4! kräftiger.

10. ...	**10. Sb8–d7**
11. Lc1–b2	**11. Dd8–é7**
12. 0–0	**12. Ta8–d8**

Schwarz hat seine Entwicklung vollzogen und erhält einen überwältigenden Angriff durch den Bauernvormarsch von é6 bis é4.

13. Dd1–c2	**13. é6–é5!**

Die vernichtende Bauernwalze setzt sich in Bewegung.

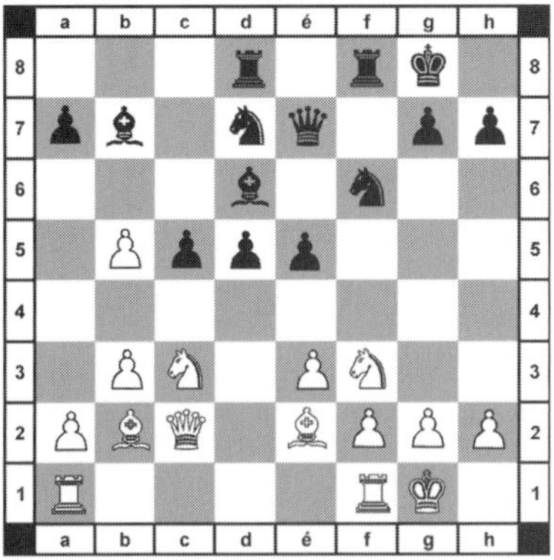

144

14. Tf1–é1 **14. …**

Der Turm räumt das Feld f1 für den Springer (Sf3–d2–f1), um den Bauern h2 zu schützen.

14. … **14. é5–é4!**

Der Zweck dieses Bauernvormarsches ist, den Springer f3 zu vertreiben und dadurch den Bauern h2 schutzlos zu machen.

15. Sf3–d2 **15. Sd7–é5**
16. Sc3–d1 **16. …**

Deckt den Bauern f2.

16. … **16. Sf6–g4**
17. Lé2×Sg4 **17. …**

Erzwungen. Nach 17. Sd2–f1? folgte Sé5–f3+!!; 18. g2×Sf3, é4×f3; 19. Lé2–d3, Dé7–h4!.

17. ...	**17. Sé5 × Lg4**
18. Sd2–f1	**18. Dé7–g5!**

Es droht jetzt das vernichtende Manöver Sg4–h6–f5–h4. Da Weiß die Bauern f2 und h2 geschickt gedeckt hat, richtet Schwarz nun seinen Angriff gegen den Bauern g2.

19. h2–h3	**19. ...**

Erzwungen. Weiß muss seine Verteidigungskräfte umgruppieren mit Sf1–h2, Kg1–h1 und Té1–g1.

19. ...	**19. Sg4–h6**
20. Kg1–h1	**20. Sg6–f5**
21. Sf1–h2	**21. d5–d4!**

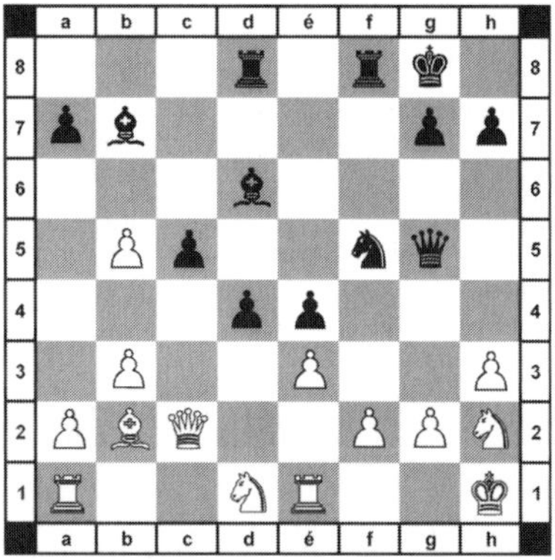

145

Unerwartetes Bauernopfer, um die Diagonale b7–g2 für den Flankenläufer b7 freizulegen.

Die Annahme des Opfers verliert schnell: 22. é3 × d4?, é4–é3!; 23. Sd1 × é3, Sf5 × Sé3; 24. f2 × Sé3, Dg5–g3!.

22. Lb2–c1 **22. d4–d3**
23. Dc2–c4+ **23. Kg8–h8**
24. Lc1–b2 **24. Sf5–g3+!!**

um nach é2 weiterzuspringen. Der Springer darf nicht geschlagen werden: 25. f2 × Sg3??, Dg5 × g3 (droht Matt auf h2); 26. Sh2–f1, Tf8 × Sf1+!! und Matt im folgenden Zug.

25. Kh1–g1 **25. Lb7–d5!**

Schwarz spielt auf Matt und verschmäht den Qualitätsgewinn durch d3–d2.

26. Dc4–a4 **26. ...**

Rasch entscheidet 26. Dc4–c1?, Sg3–é2+; 27. Té1 × Sé2, d3 × Té2.

26. ... **26. Sg3–é2+**
27. Kg1–h1 **27. Tf8–f7**
28. Da4–a6 **28. h7–h5!**

Es ist schwierig, ohne Hilfe der Bauern die feindliche Rochade einzunehmen.

29. b5–b6! **29. ...**

Um nach a7 × b6 die Qualität auf é2 zu opfern und dadurch eine haltbare Stellung zu erreichen.

29. ... **29. Sé2–g3+!!**
30. Kh1–g1 **30. a7 × b6**
31. Da6 × b6 **31. d3–d2**
32. Té1–f1 **32. Sg3 × Tf1**
33. Sh2 × Sf1 **33. Ld5–é6**

Mit der Drohung Lé6 × h3.

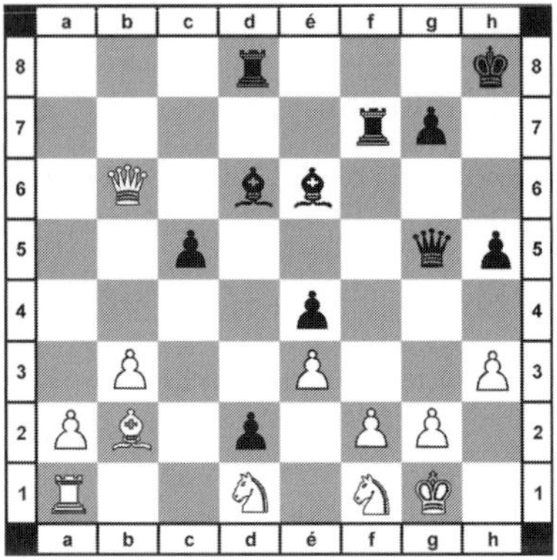

146

1. Spiel

34. Kg1–h1	**34. Lé6 × h3!!**
35. g2 × Lh3	**35. Tf7–f3**
36. Sf1–g3	**36. h5–h4**
37. Lb2–f6	**37. …**

Nach g7 × Lf6??; 38. Db6 × Td8+ würde Weiß gewinnen, aber

37. …	**37. Dg5 × Lf6**
38. Sg3 × é4	**38. Tf3 × h3+**

Falls 39. Kh1–g1, verliert Weiß nach Ld6–h2+ die Dame.

39. Kh1–g2	**39. Df6–f3+**
40. Kg2–g1(f1)	**40. Th3–h1#**

2. Spiel

34. Db6–c6 **34. …**

Um Lé6 × h3 mit 35. Dc6 × é4 zu beantworten.

34. … **34. Tf7–f3**
35. Dc6 × é4 **35. Lé6–d5!**

Geistreiche Deckung des angegriffenen Turmes.

36. Dé4–a4 **36. Dg5 × g2+!!**

Damenopfer, um den weißen König in ein Doppelschach zu lenken.

37. Kg1 × Dg2 **37. Tf3–g3++**
38. Kg2–h2 **38. Tg3–g2++**
39. Kh2–h1 **39. Tg2–h2++**
40. Kh1–g1 **40. Th2–h1#**

Ein vergnüglicher Treppenmarsch.